Dieter Buck

Wanderziel

Östliche Alb

Dieter Buck

Wanderziel Östliche Alb

- Entdecken
- Erleben
- Genießen

Silberburg-Verlag

Umschlagfoto: Burgruine Reußenstein
Foto Seite 1: Silberdistel
Foto Seite 2/3: Die Reiterleskapelle oberhalb von Weilerstoffel
Foto Seite 17: Blühende Streuobstwiesen an der Teck

Dieter Buck
1953 geboren, verfasst der Stuttgarter seit vielen Jahren Wandervorschläge, Tipps für Radtouren und Reisebeschreibungen für verschiedene Zeitungen und Magazine im In- und Ausland. Außerdem veröffentlichte er zahlreiche Bücher: Wander-, Radwander- und Reiseführer, und ist Redaktionsleiter von »Schwaben Alpin«. Dieter Bucks Themengebiete sind Süddeutschland, insbesondere Baden-Württemberg und das Allgäu, sowie der deutsche und österreichische Alpenraum.

2. Auflage 2011

Umschlaggestaltung: Anette Wenzel, Tübingen, unter Verwendung
einer Fotografie von Dieter Buck.
Kartengrundlage: Topographische Karte 1 : 50 000 Baden-Württemberg
© Landesamt für Geoinformation und Landentwicklung
Baden-Württemberg (http://www.lgl-bw.de), vom 05.12.05, Az.: 2851.2-D/4573,
bearbeitet durch den Verlag.
Die Wandervorschläge Nr. 14 und 35 wurden verschiedenen Jahrgängen
des Schwaben-Kalenders entnommen.
Bilder im Innenteil: Dieter Buck, Stuttgart.
Lektorat: Werner Brenner, Rottenburg am Neckar.
Layout und Satz: textdesign, Martin Fischer, Tübingen.
Druck: Grammlich, Pliezhausen.
Printed in Germany.
Gedruckt auf zertifiziertem Papier:
Förderung nachhaltiger Waldbewirtschaftung –
nähere Informationen unter: www.pefc.org

PEFC™

PEFC/04-31-0878

ISBN: 978-3-87407-697-5

Inhalt

Vorwort

... und am Sonntag auf »die Alb«. Das Standardprogramm für viele Wander-, Natur- und Heimatfreunde im württembergischen Raum, für Junge, Mittelalterliche, ja sogar für Senioren höchsten Alters.

Der Grund: Auf die Schwäbische Alb kann man immer. Die Wanderungen und Touren, die hier unternommen werden können, sind niemals zu extrem. Sie sind zu jeder Jahreszeit und bei (fast) jedem Wetter möglich – wie sagt man so schön: Es gibt kein schlechtes Wetter, nur schlechte Kleidung! Es existieren beispielsweise genügend Schluchten und Wälder, die gerade bei »schlechtem«, also regnerischem oder nebligem Wetter ihren besonderen Reiz entfalten, den man mangels anderer Wanderer dann sogar meist exklusiv genießen kann.

In diesem Buch sind 35 Touren unterschiedlicher Länge und Schwierigkeitsgrade beschrieben. Für die einen braucht man etwas Kondition, andere sind kürzer und damit auch für Kinder geeignet. Es sind Wanderungen in Landschaften eher herber Schönheit genauso darunter wie Spaziergänge in idyllischen, ja geradezu lieblichen Ecken dieses Mittelgebirges.

Und immer kommt man zu etwas Sehenswertem, sei es nun eine Burg, eine Höhle, ein Fels oder ein Aussichtsturm, ein Museum oder eine Stadt in der Nähe, die einen Besuch lohnt. Auch diese Sehenswürdigkeiten sind beschrieben – nach dem Motto: Man sieht nur, was man weiß!

Blick auf den Salenberg

Außerdem finden Sie zudem auch allgemeine Informationen in diesem Buch: ein einleitendes Kapitel über Geologie, Flora und Fauna der Schwäbischen Alb, eine Zusammenstellung von Wanderheimen des Schwäbischen Albvereins sowie wichtige Adressen von öffentlichen Verkehrsmitteln und Tourismusverbänden.

Ich wünsche Ihnen, liebe Leserinnen und Leser, ebenso viel Freude und schöne Erlebnisse, wie ich sie bei der Zusammenstellung der Touren hatte.

Dieter Buck

Wanderziel Westliche Alb

● **35 Wanderungen**

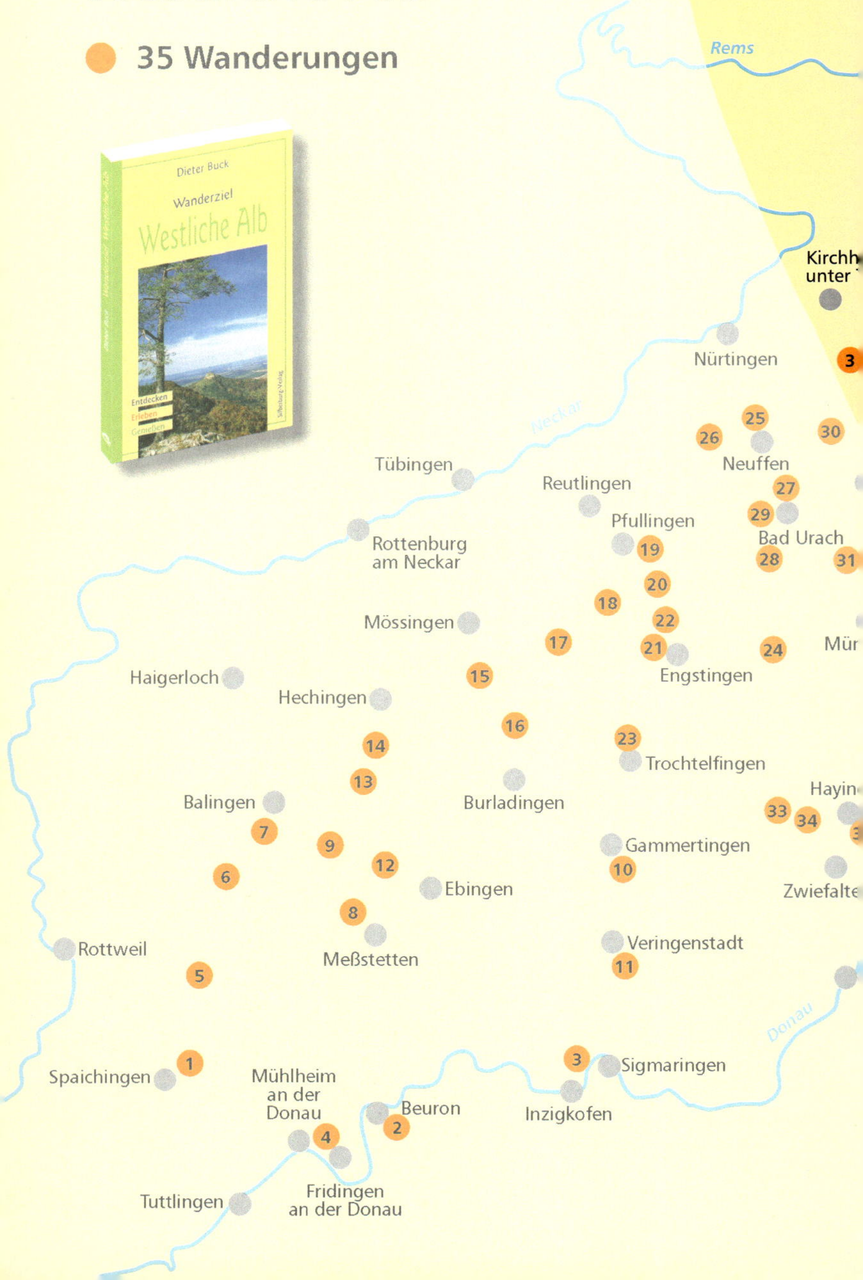

Wanderziel Östliche Alb

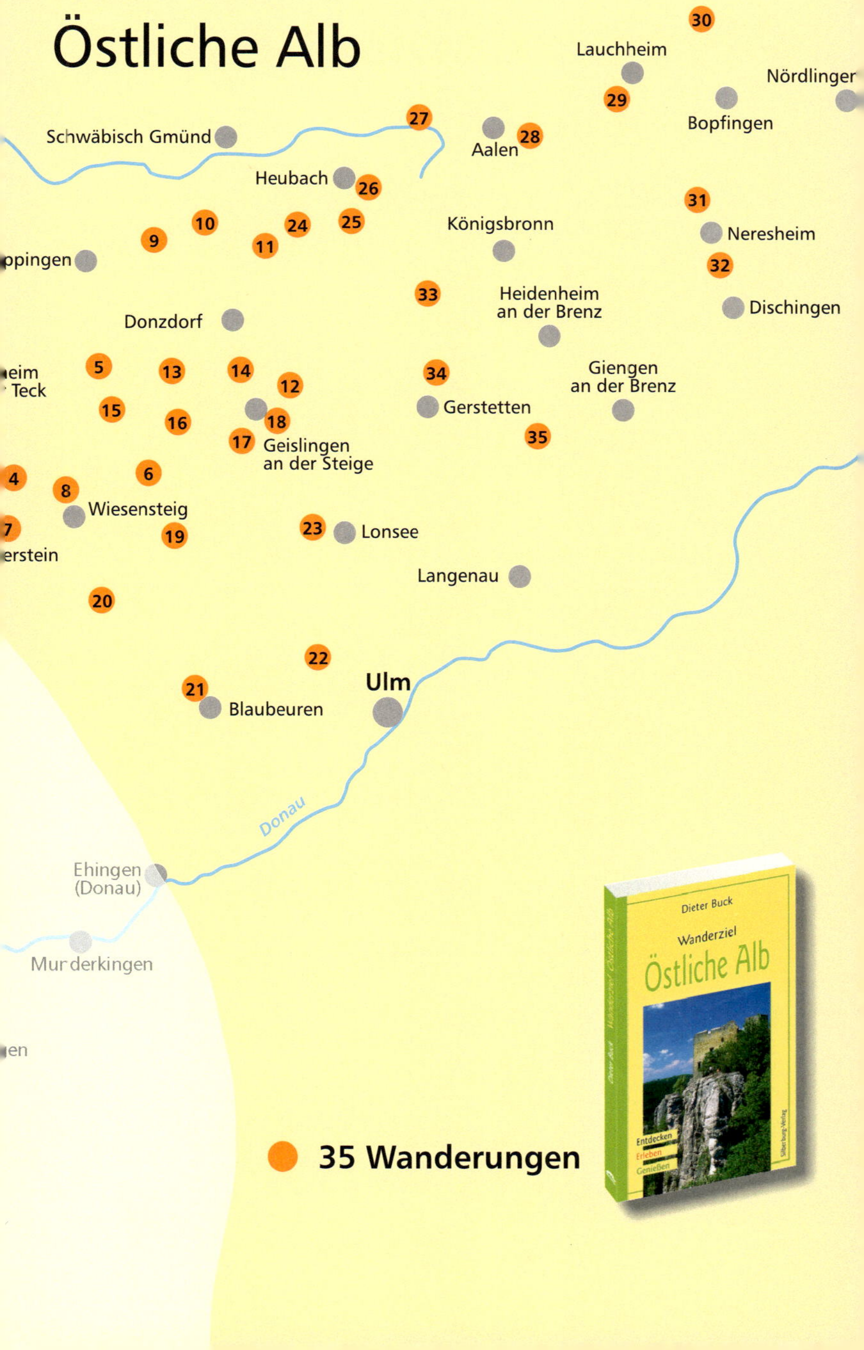

Die Schwäbische Alb

Die Schwäbische Alb ist wohl *das* Wander- und Ausflugsgebiet Württembergs. Das Mittelgebirge ist das höchste »Stockwerk« des südwestdeutschen Schichtstufenlandes. Die Alb erstreckt sich vom Randen nordwestlich des Bodensees bis hin zur Fränkischen Alb, die als Fortsetzung dieses Kalkgebirges angesehen werden kann. An ihrem Nordrand findet man viele so genannte Zeugenberge, die über Jahrmillionen von der Erosion freigelegt wurden und die oft von Burgen gekrönt sind. Charakteristisch sind die hellen, schroffen Kalkfelsen am steil aufragenden Albtrauf an der Nordkante; im Süden fällt das Gebirge sanft ab.

Die höchsten Berge der »Alb«, wie sie normalerweise nur genannt wird, liegen im Südwesten und sind über tausend Meter hoch. Im Osten jedoch läuft die Schwäbische Alb sanfter aus in die Fränkische Alb. Aber auch hier gibt es einige Felsen wie beispielsweise Messelstein, Schildwacht oder Tegelberg, die viel Aussicht bieten, ebenso Burgruinen wie etwa die Ruine Reußenstein. Der Schwäbische Albverein besitzt in diesem Bereich allerdings nur einen Aussichtsturm, den Volkmarsbergturm. Ansonsten ist die Landschaft im nordöstlichen Teil oft von dunklen, ernsten Wäldern gekennzeichnet. Trotzdem: Auch die albtypischen Wacholderheiden, die Naturschutzgebiete und die Burgen fehlen hier nicht.

Eine typische Erscheinung von Karstlandschaften findet man auch auf der Nordostalb: Dolinen oder Erdfälle, unter denen die durch die gesteinsauflösende Wirkung des Sickerwassers entstandenen Hohlräume eingestürzt sind. Typisch für ein Karstgebirge sind auch die zahlreichen Höhlen – die Schwäbische Alb gehört mit rund 2000 bekannten Höhlen zu den höhlenreichsten Gegenden Deutschlands.

GeoPark Schwäbische Alb

Da die Schwäbische Alb weltweit bedeutende Schätze der Geologie birgt – vom Meteoritenkrater Ries bis zu den Holzmadener Saurierfundstellen – wurde ihr am 1. Juli 2003 von der Alfred-Wegener-Stiftung zur Förderung der Geowissenschaften das Prädikat »Nationaler GeoPark« verliehen. Dieses Projekt wird auch von der UNESCO unterstützt. Die Bezeichnung bedeutet keine Schutzgebietskategorie, sondern ist ein Gütesiegel, das über gemeinsame Konzepte und Projekte mit Leben erfüllt werden muss. Der GeoPark umfasst rund dreißig Gemeinden mit einer Fläche von 1364 Quadratkilometern. Schon bei einer »harmlosen« Albwanderung kann man feststellen, dass auf der Alb Geologie und Erdgeschichte mit den Händen greifbar sind – beim aufmerksamen Gehen wird sicherlich jedes Kind einen Abdruck eines Ammoniten finden, wer etwas mehr Glück hat, einen Belemniten oder sonst ein Überbleibsel aus der Urgeschichte. Ganze Sammlungen wurden hier schon »im Vorübergehen« zusammengetragen, und man wird wohl nirgendwo sonst einen Landstrich finden, in dem das Wissen über und das Interesse für die Urzeit unter der Bevölkerung so ausgeprägt sind wie gerade hier. Interessant sind außer den Versteinerungen auch die Reste des »Schwäbischen Vulkans«, insbesondere die nahe beieinander liegenden und trotzdem so unterschiedlichen »Dokumente« Jusi, Randecker Maar und Torfgrube. Insgesamt findet man auf einer Fläche von vierzig Kilometern Durchmesser rund 350 Vulkanschlote. Auch die Meteoriteneinschläge vor 15 Millionen Jahren auf der Ostalb bei Steinheim am Albuch beziehungsweise im Ries hinterließen ihre Spuren. Die Schätze des Bodens wurden im Bergbau auf der Ostalb gehoben, und heute noch kann man dies im Bergwerk Tiefer Stollen bei Aalen nachvollziehen.

Zum Thema Natur

Einerseits meint man, auf der Schwäbischen Alb wachse »nur« die »übliche« Flora, bei näherem Hinsehen ist man aber erstaunt über die Besonderheiten. So weist die Alb aufgrund ihres Kalkgesteins und des teilweise alpinen Gepräges durchaus eine Reihe von spezifischen Pflanzenarten auf. Man findet hier

Typisch für die Alb: Schafherde unterhalb der Teck

zahlreiche Magerwiesen mit ihrer ganz bestimmten Flora, die dem speziellen Untergrund angepasst ist. Die Pflanzen bestechen oft durch ihre Blüten, die wie beispielsweise bei der Lichtnelke intensiv gefärbt sein können. So locken die Pflanzen Insekten zum Bestäuben an. Die Besonderheit dieser so genannten Steppenheideflora ist eine licht- und wärmebedürftige Staudenflur mit Polster- und Rasenpflanzen. Die Trockenheit liebende und enorme Temperaturunterschiede ertragende Steppenheideflora charakterisierte Robert Gradmann in seinem klassischen Werk »Das Pflanzenleben der Schwäbischen Alb« in unnachahmlicher Weise wie folgt: »Auf dem Scheitel und an den Flanken der altersgrauen Felsen, in ihren Ritzen und Spalten, auf ihren Bändern und Vorsprüngen, wohnt eine Pflanzengesellschaft, die durch ihre edle Eigenart, durch die sinnreiche Ausrüstung, mit der sie der schwierigen Lebenslage sich anzupassen versteht, und nicht zuletzt durch ihre Schönheit und den Reichtum ihrer Formen und Farben unsere Liebe und Bewunderung verdient.«

An manchen Stellen findet man im Frühjahr Küchenschellen, die Fruchtstände entwickeln, die überhaupt nicht an die Blüten erinnern, die Wälder sind von der »Königin der Albwälder«, der Buche, bestockt, die im Herbst mit einer fantastischen Laubfärbung bezaubert. Dann ist auch die Zeit der bekanntesten »Leitpflanze« der Schwäbischen Alb gekommen: der Silberdistel.

Ein typisches Landschaftsbild der Alb sind auch die Wacholderheiden, die sich auf mageren Böden bilden, heute aber wegen mangelnder Beweidung in ihrem Bestand stark gefährdet sind, so dass sie sogar künstlich gepflegt werden müssen. Sie zählen oft zu den artenreichsten Lebensräumen Mitteleuropas, denn hier findet man zahlreiche Orchideen- und Schmetterlingsarten sowie bodenbrütende Vögel. Die Wacholderheiden entstanden durch die Schafbeweidung, denn die Schafe, die sonst alles fressen, verschmähen die stacheligen Wacholder und Silberdisteln oder die bitter schmeckenden Enziane. Mit dem Rückgang der Schäferei begann auch die Gefahr für die Heiden. Ohne Beweidung würden sie rasch zuwachsen und die lichtbedürftigen, seltenen Pflanzen aussterben.

Im östlichen Bereich der Schwäbischen Alb leben keine außergewöhnlichen Tierarten. Oft begegnet der Wanderer im Wald jedoch einem Reh, vor allem an regnerischen Tagen, wenn das Wild sich ungestört fühlt. Mit etwas Glück lassen sich auch andere Tiere beobachten.

Zu den Touren

Bei der Berechnung der Zeit wurde von einer Strecke von vier Kilometern pro Stunde und 400 Höhenmetern im Aufstieg, die bewältigt werden, ausgegangen. Gute, konditionsstarke Wanderer werden die Zeiten jedoch sicherlich unterschreiten. Die Wanderungen sind im Prinzip ganzjährig möglich, außer bei frischem Schneefall oder hohem Altschnee. Im Winter ist der Schnee auf wichtigen und oft begangenen Wegen meist nach kurzer Zeit niedergetrampelt, trotzdem sollte man aber an vereisten Stellen Vorsicht walten lassen. Wanderstöcke und Spikes für die Schuhe sind hier empfehlenswert.

Gefahren auf der Schwäbischen Alb

Wandern auf der Schwäbischen Alb ist im Prinzip gefahrlos. Allerdings sollte man ab dem Frühsommer verstärkt auf Zecken achten. Am besten, man sucht sich nach der Tour daraufhin ab. Durch den Biss von Zecken kann man sich mit FSME (Hirnhautentzündung) oder Borreliose anstecken. Gegen FSME kann man sich impfen lassen, gegen Borreliose nicht. Wer von einer Zecke gebissen wird, sollte den Blutsauger rasch entfernen, am besten durch Ziehen, im Idealfall mit einer Zeckenzange, nicht jedoch durch Drehen – Zecken haben kein Gewinde! Und auch nicht durch Zerquetschen. Man sollte die Zecke außerdem nicht mit Öl oder Klebstoff zum Ersticken bringen. Auf jeden Fall sollte man die Stelle einige Wochen beobachten und bei einer Rötung rasch einen Arzt aufsuchen. Eine weitere Gefahr für den Wanderer ist der Fuchsbandwurm. Man kann sich diesen gefährlichen Parasiten holen, wenn man wild wachsende Beeren direkt vom Strauch »roh« isst oder Pflanzen berührt, an denen ein infiziertes Tier vorbeigestreift ist. Deshalb sollte man auch sein Vesperbrot nicht auf dem Boden ablegen und sich nach einer Wanderung gut die Hände waschen.

Kommt man in ein Gewitter, sollte man so rasch wie möglich ein Gebäude mit einem Blitzableiter aufsuchen. Wenn das nicht möglich ist, sollte man sich auf jeden Fall von exponierten Stellen wie Felsen oder von einzeln stehenden Bäumen et cetera entfernen. Auch ist der Waldrand gefährlicher als das Innere eines Waldes mit gleichmäßig hohen Bäumen. Man sollte sich nicht flach auf den Boden legen, sondern eine Hockstellung mit geschlossenen Beinen einnehmen. Metallgegenstände aller Art sollte man vom Körper entfernen und in einiger Entfernung niederlegen. Wenn etwas weiter weg ein Gewitter tobt, kann man ausrechnen, wie weit es weg ist und ob es näher kommt. Die Entfernung in Meter erhält man, wenn man die Sekunden zwischen Blitz und Donner zählt und mal 330 nimmt.

Der Schwäbische Albverein

Der Schwäbische Albverein ist einer der größten Wandervereine Deutschlands und im Land eine Institution, auf die durchaus gehört wird. Seiner Gründung war vorausgegangen, dass sich der Verschönerungsverein Kirchheim beim Bau des Teckturmes 1888 finanziell übernommen hatte. Er bat die benachbarten Verschönerungsvereine um Spenden und es kam zu einem Treffen im »Waldhorn« in Plochingen. Daraus ging dann der am 13. August 1888 gegründete Verein hervor. Auf Grund seines Ursprungs in den damaligen »Verschönerungsvereinen« stand auch in der ersten Satzung, dass man »den Fremdenverkehr heben« und aus diesem Grund »Wanderungen erleichtern« wolle. Nach einem Jahr hatte er 1247 Mitglieder und bereits nach acht Jahren 17 000, fast dreimal soviel wie der um Jahrzehnte ältere Schwarzwaldverein. Um 1900 waren bereits 23 800 Menschen Mitglied im Albverein, 1913 zählte man bereits 40 900 und zu Beginn des Ersten Weltkrieges 42 500. 1974 überschritt man die Zahl von 100 000 Mitgliedern. Heute sind es rund 120 000 in fast 600 Ortsgruppen.

Die unermüdlichen Wegwarte des Vereins markieren in ehrenamtlicher Arbeit die Wanderwege und halten sie in Stand. Auf diesen Wegen verläuft ein Großteil der in diesem Buch geschilderten Wanderungen. Die Arbeit der Wegwarte ist nicht selbstverständlich und kann nicht genug gewürdigt werden. Wer Gegenden ohne Wegmarkierungen kennt, weiß dieses dicht geknüpfte Netz von markierten Wanderwegen hoch zu schätzen.

Wanderheime und Aussichtstürme

Ständig geöffnet:
Pfannentalhaus bei Lauingen-Haunsheim, Telefon (0 90 73) 73 13
Wasserberghaus bei Schlat, Telefon (0 71 61) 81 15 62
Burg Teck, Telefon (0 70 21) 5 52 08

Zeitweise geöffnet:
Franz-Keller-Haus bei Schwäbisch Gmünd
Kapfenburg bei Lauchheim
Weidacher Hütte bei Blaustein-Weidach
Wanderheim Welland bei Aalen-Dewangen

Aussichtstürme:
Volkmarsbergturm bei Oberkochen, Telefon (0 73 64) 75 86
Römersteinturm bei Römerstein-Domstetten
Burg Teck
Heroldstatt
Hursch und Waldgreut bei Römerstein-Zainingen
Sternenberg bei Münsingen-Böttingen

Weitere Öffnungszeiten:
Die aktuellen Öffnungszeiten der Wanderheime und des Aussichtsturmes erfragt man am besten vor der Tour beim Schwäbischen Albverein, Telefon (07 11) 22 58-50.

Wanderungen

Zu zwei Resten des Schwäbischen Vulkans

Ochsenwang – Breitenstein – Randecker Maar – Otto-Hoffmeister-Haus – Ochsenwang

Bei dieser Wanderung haben wir einen schönen Blick über das Randecker Maar – einen ehemaligen Vulkanschlot – auf das Albvorland und auf den Bergkegel der Limburg. Auch vom Breitenstein aus bietet sich uns ein weiter Blick. Interessant ist auch das Torfmoor, eine Seltenheit auf der Schwäbischen Alb.

Ausgangspunkt:

Parkplatz westlich von Bissingen an der Teck-Ochsenwang (von Bissingen kommend gleich nach dem Waldaustritt nach links abbiegen).

Wegverlauf:

Wir spazieren nach dem *Parkplatz* in Fahrtrichtung weiter. Der asphaltierte Weg geht in einen Pfad über, kurz darauf stehen wir auch schon auf dem 812 Meter hohen *Breitenstein*, von dem aus sich eine gute Aussicht bietet. Anschließend wandern wir nach rechts weiter, bergab zu einem Asphaltsträßchen, auf welches wir nach links einbiegen. An einer Verzweigung, wo nach links ein Pfad mit Geländer abwärts führt und das Asphaltsträßchen nach rechts abknickt, steigen wir geradeaus hoch zum *Auchtert* (814 m). Am Baum weist das rote

Blick vom Randecker Maar auf die Limburg bei Weilheim an der Teck

Dreieck nach rechts zum »Randecker Maar«.

Es geht nun weglos über die Wiese hinab zu einem Asphaltsträßchen, dem wir weiter abwärts bis zur Landstraße folgen. Wir nehmen hier den Feldweg, der etwas nach links versetzt auf der anderen Straßenseite weiterführt. Wir befinden uns nun schon am Rande des *Randecker Maars*. Der Feldweg berührt nach einiger Zeit die Landstraße. Hier biegen wir nach links in den asphaltierten Weg ein und wandern mit guter Aussicht bis zur Ziegelhütte.

Anschließend kommen wir zur Straße und biegen nach rechts ab. Wo sie nach links zieht, gehen wir geradeaus weiter bis zur nächsten Landstraße. Wir halten uns rund 200 Meter links und gehen dann nach rechts zum *Otto-Hoffmeister-Haus*. Dahinter können wir noch etwa 400 Meter zur nächsten Kreuzung spazieren und den Kreuzstein ansehen. Ansonsten biegen wir nach dem Haus rechts ab und wandern auf dem in einen Knüppeldamm übergehenden Pfad über das *Torfmoor*.

Danach spazieren wir kurz auf einem Wiesenweg bis zu einem Asphaltsträßchen. In dieses Sträßchen rechts einbiegend wandern wir nach *Ochsenwang*. Wir gehen über

In **Ochsenwang** wurde gegenüber der Kirche ein kleines Mörikemuseum eingerichtet, denn der Dichter lebte hier eine Zeit lang als Pfarrverweser. – In der Nähe des Otto-Hoffmeister-Hauses gibt es an der Landstraße große **Dolinen.** – Wohl der eindrucksvollste Trichter (Schlot) des Kirchheim-Uracher Vulkans, von dem mehr als 350 Durchschläge bekannt sind und der auch als Schwäbischer Vulkan bezeichnet wird, ist das **Randecker Maar.** Es weist einen Durchmesser von 1,2 Kilometern und sechzig Meter Tiefe auf. Das Maar wird von zahllosen Bächen entwässert, die zusammen den Zipfelbach bilden. Die Kräfte dieses Bachs schufen die Einkerbung im Trichter, durch die man zur Limburg (auch ein ehemaliger Vulkan), zum Aichelberg und je nach Sicht auf die Kaiserberge Staufen, Rechberg und Stuifen blicken kann. An den Mitbegründer des Schwäbischen Albvereins Dr. med. Valentin Salzmann erinnert der Salzmannstein am Weg oberhalb des Maars. – Ebenfalls auf einen Vulkanschlot geht das **Schopflocher Moor** zurück. Es wird auch Torfgrube genannt und ist das einzige Hochmoor auf der Alb. Torf gestochen wurde hier vom 18. bis ins 20. Jahrhundert. Der Schwäbische Albverein ist heute Besitzer des seit 1942 unter Naturschutz stehenden Moors.

die Durchgangsstraße bis zur Kirche, hier nach links und kommen, vorbei am Friedhof, aus dem Ort hinaus. Der Weg führt nach Breitenstein. Nach rund zehn Minuten leitet uns nach links ein Weg zum *Parkplatz*.

- **Länge:**
  Etwa 8 ½ Kilometer.

- **Zeit:**
  Etwa 2 ½ Stunden.

- **Höhenunterschied:**
  Etwa 200 Meter.

Oberhalb vom Randecker Maar liegt das Dörfchen Ochsenwang.

- **Einkehrmöglichkeiten:**
  Ochsenwang, Otto-Hoffmeister-Haus.

- **Sonstiges:**
  Bis zum Randecker Maar gehen wir im Wesentlichen auf Naturpfaden, anschließend auf befestigten Wegen.

- **Öffentliche Verkehrsmittel:**
  S-Bahn und Bahn bis Kirchheim unter Teck, Bus bis Ochsenwang.

- **Empfohlene Karte:**
  Freizeitkarte 524, Bad Urach, Landesvermessungsamt Baden-Württemberg.

Rund um die Limburg

Weilheim – Hepsisau – Limburg – Weilheim

Diese Wanderung sollte zur Blütezeit der Obstbäume im Frühjahr unternommen werden, wenn die ganze Gegend so aussieht, als wäre frischer Schnee auf eine grüne Landschaft gefallen. Mit der Limburg besteigen wir den Stammsitz der Zähringer, die einst in den südlichen Schwarzwald »auswanderten«.

- **Ausgangspunkt:**
  Weilheim an der Teck.

- **Wegverlauf:**
  Wir können im Ort parken, am Parkplatz kurz danach oder am Parkplatz Lindenbrücke. In *Weilheim* folgen wir den Wegweisern nach »Gruibingen«, zweigen von der nach Neidlingen führenden Straße nach links ab und fahren oder spazieren aus dem Ort hinaus. Nach einigen Minuten liegt rechts ein *Parkplatz*.

Wir biegen hier nach rechts ab und folgen nach dem Parkplatz vor der Scheune dem nach links führenden Weg. Leicht ansteigend bringt uns das Wanderzeichen blaues Dreieck zum Waldrand, an dem entlang wir nun ohne Zeichen nach rechts weitergehen. Wir haben jetzt einen herrlichen Blick zur Limburg, »Höhepunkt« dieser Wanderung. Bald fällt

Im Frühling: Die Limburg liegt inmitten eines Blütenmeers.

Weilheim an der Teck wurde von den Grafen von Württemberg 1334 als erste Stadt in der Gegend erworben. Die Peterskirche ging aus einer 1073 gegründeten Benediktinerpropstei hervor. Der heutige Bau, eine spätgotische Hallenkirche, wurde 1489 bis 1522 von Peter von Koblenz erbaut. Sie ist reich ausgestattet, beispielsweise mit einem Freskenzyklus und einer prächtigen Kanzel. Im Ort sieht man noch einige schöne alte Fachwerkhäuser und stolze Bürgerhäuser. – Die **Limburg** ist ein ehemaliger Vulkanschlot, der stehen blieb, als die Erosion das umgebende weichere Gestein des Juras abtrug. Ein keltischer Stamm besiedelte sie bereits um 215 v. Chr; die Illyrer lebten hier ungefähr 1200 bis 800 v. Chr. Sie sicherten den Berg mit einem Festungswall. Um 1050/60 ließ der Zähringer Berthold I. eine Burg errichten. Ihren Sitz verlegten die Zähringer – sie waren auch Herzöge von Kärnten – später ins Badische. König Heinrich IV. zerstörte 1078 während des Investiturstreits die Burg. 1093 wurde sie wieder aufgebaut, bereits 1130 in den Kämpfen der Welfen gegen die Staufer aber endgültig zerstört. Vom Gipfel aus hat man einen lohnenden Blick ins Albvorland und zum Albtrauf.

der Weg und beschreibt nach einiger Zeit eine scharfe Rechtskurve. Wir spazieren nun über die Baumwiesen bis zum nach Pfundhardt führenden Sträßchen, überqueren es und kommen zur Straße. Dahinter gehen wir zum *Parkplatz Lindenbrücke*.

Nun müssen wir uns entscheiden. Wer eine kürzere Wanderung unternehmen möchte, geht hier geradeaus weiter und spaziert am Fuß des Berges bis zu einem querenden Sträßchen, dem er nach rechts nach *Weilheim* folgt.

Ansonsten biegen wir direkt nach dem Parkplatz nach links ab und wandern mit dem Zeichen blaues Dreieck neben dem Zipfelbach bis zu einem *Gewerbeanwesen*. Hier gehen wir nach rechts bis zur Straße, kurz nach rechts und biegen gleich wieder nach rechts ab. Wir ignorieren die nach links (blaues Dreieck nach »Hepsisau«) und rechts abgehenden Wege und spazieren geradeaus weiter. Das Gelände steigt ein wenig an, dann fällt es wieder. Auch hier kann, wer abkürzen will, immer wieder nach rechts zu dem am Fuße der Limburg entlang führenden Weg gelangen. Ansonsten folgen wir – oft mit schönem Blick zur Teck – dem Weg etwa drei Kilometer bis zu einer Kreuzung, wo wir mit dem Radwegschild nach rechts in Richtung »Weilheim« abbiegen. Auf diesem Weg gehen auch diejenigen Wanderer weiter, die die Abkürzung genommen haben.

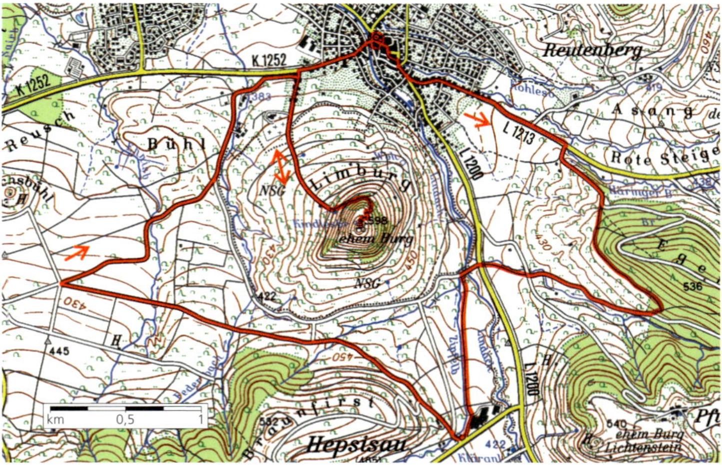

Bei den ersten Häusern folgen wir dem nach rechts zeigenden Wanderzeichen blauer Winkel zur *Limburg*. Nach den Häusern steigt es an. Dann knickt der Weg nach links ab, später nach rechts, und bringt uns hinauf zum Gipfel.

Zurückgekehrt spazieren wir nach *Weilheim* hinein. Wer auf dem Parkplatz nach dem Ort geparkt hat, hält sich direkt vor der Kirche rechts, geht am Rathaus vorbei und biegt danach, vor dem alten Bürgerhaus, nach rechts in die Marktstraße ein. Man folgt dann der nach links ziehenden Grabenstraße und geht vor dem Fachwerkhaus mit der Apotheke nach rechts hinab zur Unteren Grabenstraße. Hier hält man sich links und folgt den Schildern nach »Gruibingen« aus dem Ort hinaus.

Ein Meer von blühenden Bäumen

- **Länge:**
  Etwa 13 ½ Kilometer.

- **Zeit:**
  Etwa 4 Stunden.

- **Höhenunterschied:**
  Etwa 360 Meter.

- **Einkehrmöglichkeiten:**
  Weilheim.

- **Sonstiges:**
  Die Wanderung verläuft auf festen Wegen.

- **Öffentliche Verkehrsmittel:**
  S-Bahn und Bahn bis Kirchheim unter Teck, dann Bus.

- **Empfohlene Karte:**
  Freizeitkarte 524, Bad Urach, Landesvermessungsamt Baden-Württemberg.

Zur Wiege des Schwäbischen Albvereins

Bissingen – Naturschutzgebiet Eichhalde – Sattelbogen – Teck – Hörnle – Bissingen

Wir besuchen die Burgruine Teck, die nicht nur ein herrlicher Aussichtsbalkon ist, sondern auch die Wiege des Schwäbischen Albvereins. Die Ruine Rauber ist ebenfalls interessant, und der Rest der Wanderung führt durch eine herrliche Landschaft, die uns teilweise weite Blicke eröffnet. Im Frühjahr bezaubern die vielen blühenden Obstbäume im Tal und an den Albhängen.

- **Ausgangspunkt:** Bissingen an der Teck.

- **Wegverlauf:** Vorbei am *Alten See* verlassen wir *Bissingen* und wandern geradeaus nach Süden (das Wanderzeichen blaues Dreieck taucht erst etwas später auf), hinein in das *Naturschutzgebiet Eichhalde.* Der Pfad schwenkt später nach links, und leicht ansteigend kommen wir in den Wald. Hier treffen wir

Auf der Ruine Teck gibt es ein Wanderheim.

Der alte Zähringerort **Bissingen an der Teck** wurde bereits 769 erwähnt. Im 14. Jahrhundert wurde er württembergisch. In der spätgotischen Marienkirche aus dem 14. Jahrhundert befindet sich ein sehenswertes romanisches Taufbecken. – Die auf einem Zeugenberg liegende **Burg Teck** wurde im 12. Jahrhundert in romanischem Stil von den Zähringern erbaut. Anschließende Besitzer waren ab 1303 (zur Hälfte) die Habsburger, die ihren Anteil jedoch um 1326 bis 1330 an die Württemberger verkauften. 1525 im Bauernkrieg wurde die Burg niedergebrannt. In dem Gebäude befindet sich ein Wanderheim des Schwäbischen Albvereins, der hier auch seinen Ursprung nahm. – Die heutige **Ruine Rauber** wurde seit 1210 als Teil der Anlage der Diepoldsburg genannt. Die Herzöge von Teck verkauften sie knapp hundert Jahre später an Österreich. 1406 ging sie an das Haus Württemberg über, das sie bis 1470 als Lehen an verschiedene Besitzer vergab. 1535 wurde der Platz bereits als Burgstall bezeichnet.

kurz danach auf einen Forstweg, nun geht es auch wieder etwas abwärts. Bei der *Bergwachthütte* orientieren wir uns erst nach rechts abwärts, dann aber gleich wieder nach links. Immer am Waldrand entlang geht es bald wieder hoch bis zum *Sattelbogen.* Nach links steigen wir in einer Viertelstunde auf zur *Ruine Rauber*, anschließend müssen wir aber wieder zurück zum Sattel. Bei dem »Häuschen« geht es weiter in Richtung »Gelber Fels/Teck« (rotes Dreieck). Ansteigend kommen wir an einigen Aussichtspunkten mit Blicken über das Lenninger Tal und auf die dahinter liegenden Höhen vorbei.

Kurz vor der Burg Teck müssen wir auf die rechte Hangseite wechseln. Der Forstweg, der dort nach rechts hinab nach Bissingen führt, ist später unser Rückweg. Vorerst spazieren wir aber nach links, hinauf zur *Burg* und zum *Wanderheim Teck*. Zurück folgen wir dem erwähnten Forstweg bis zum Parkplatz am *Hörnle*; dahinter gehen wir ein paar Meter über die Wiese zur rechten Traufkante, wo ein schmaler Pfad steil abwärts führt. Er bringt uns in kurzer Zeit zurück nach *Bissingen*.

- **Länge:**
  Etwa 11 ½ Kilometer.
- **Zeit:**
  Etwa 3 ½ Stunden.
- **Höhenunterschied:**
  Etwa 400 Meter.
- **Grillmöglichkeit:**
  Ruine Rauber.
- **Einkehrmöglichkeiten:**
  Ruine Teck, Bissingen.

Vom Hörnle aus hat man einen weiten Blick ins Albvorland.

Sonstiges:

Die Wanderung führt zu Beginn durch ein interessantes Naturschutzgebiet mit typischer Alblandschaft und schönem Blick zur Teck. Anfangs und am Schluss geht man über freie Flächen, dazwischen durch Wald, meist auf Naturwegen.

Öffentliche Verkehrsmittel:

S-Bahn und Bahn bis Kirchheim/Teck, Bus bis Bissingen an der Teck.

Empfohlene Karte:

Freizeitkarte 524, Bad Urach, Landesvermessungsamt Baden-Württemberg.

Blütentraum bei Neidlingen: Ruine und Wasserfall

Bahnhöfle – Ruine Reußenstein – Neidlingen – Neidlinger Wasserfall – Bahnhöfle

Schon die Oberamtsbeschreibung von 1842 schreibt über die Gegend, die wir bei dieser Tour besuchen: »Die Lage am Schluß des Neidlinger Thales ... ist ebenso schön als romantisch.« Am schönsten ist diese Tour im Frühjahr, Mitte April, wenn im Tal tausende Kirschenbäume blühen. Der Neidlinger Wasserfall ist einer der wenigen Wasserfälle auf der Schwäbischen Alb; insbesondere nach der Schneeschmelze und nach Regenfällen entfaltet er seinen ganzen Reiz. Kindern wird es Spaß machen, ein wenig im Bachbett nach oben zur Lindachquelle zu steigen. Hier können sie spielen und kalküberkrustete Brocken suchen, denn man findet hier viele Blätter oder Aststückchen, die wie versteinert aussehen. Ein weiteres Ziel dieser Wanderung, das Kindern gefallen wird, ist die Ruine Reußenstein. Interessant sind auch die verschiedenen Aussichtspunkte, an denen wir unterwegs vorbeikommen.

- **Ausgangspunkt:**
  Bahnhöfle.

- **Wegverlauf:**
  Das so genannte *Bahnhöfle* liegt östlich von Schopfloch an der Landstraße. Seinen Namen verdankt es nicht einer Eisenbahn, sondern dem Umstand, dass hier viele Wege abgehen. Gleich am Ausgangspunkt haben wir einen schönen Blick auf unser erstes Ziel, die Ruine Reußenstein.

Wir wandern erst mit dem roten Dreieck parallel zur Straße nach Osten und biegen wie der Wald nach einiger Zeit nach links ab. Kurz darauf sind wir an der *Ruine Reußenstein*.

Nach der Besichtigung spazieren wir mit dem roten Dreieck weiter am Trauf entlang. Etwas später gehen

wir nach rechts aus dem Wald hinaus zum *Hof Reußenstein* und biegen hier mit dem Wanderzeichen nach links ab in Richtung »Boßler«. Auf einem asphaltierten Weg erreichen wir die Landstraße. Am *Parkplatz* hinter der Straße gehen wir links vorbei durch die Schneise. Nach dieser müssen wir aufpassen, denn der markierte Weg geht nach links weg,

Im Frühjahr bei Neidlingen

Ruine Reußenstein s. S. 48. – Wie sein Uracher Pendant ist der **Neidlinger Wasserfall** ein Karstwasserfall, der seine Nase selbst aufbaut. Rund 15 Meter stürzt die Lindach über bemooste Felsen in die Tiefe. Besonders zur Zeit der Schneeschmelze rauscht sie mächtig. Nach trockenen Perioden allerdings ist der Wasserfall nur ein armseliges Rinnsal. Die Quelle entspringt wohlgeordneten Kalkbänken.

weiter am Trauf entlang und verläuft immer leicht auf- und abwärts.

Einige Zeit später dürfen wir den nach links abgehenden Weg, der mit dem blauen Dreieck markiert ist, nicht verpassen. An der folgenden Verzweigung bleiben wir rechts und kommen in einem weiten Linksbogen zu einer Stelle auf dem Bergrücken, wo ein Wanderweg quert. Wir gehen nach links hinab in Richtung »Neidlingen«. Am nächsten querenden Forstweg orientieren wir uns links. Etwas später verlassen wir den Wald und treffen auf einen abwärts führenden Weg, der eine große Rechtskurve beschreibt. Diesem Weg folgen wir hinab nach *Neidlingen*.

Wir überqueren im Ort den Bach nach links und kommen zur Durchgangsstraße. Auf ihrer anderen Seite spazieren wir in der Kirchstraße links der Lindach durch den Ort und hinaus ins Neidlinger Tal bis zu einer Verzweigung. Hier steigen wir auf dem im rechten Winkel nach links abgehenden Weg neben dem Bächlein zum Waldrand empor und halten uns dann mit dem blauen Dreieck nach rechts. Kurz vor dem Neidlinger Wasserfall geht nach links ein Weg ab, wir spazieren aber noch kurz weiter bis zum *Wasserfall*.

Zurückgekehrt halten wir uns an der Abzweigung rechts und steigen mit einem scharfen Knick hoch zu einem Forstweg, der uns nach rechts zurück zum *Bahnhöfle* bringt.

Die Ruine Reußenstein ist eine »Bilderbuch-Ritterburgruine«.

- **Länge:**
  Etwa 14 Kilometer.

- **Zeit:**
  Etwa 4 ½ Stunden.

- **Höhenunterschied:**
  Etwa 530 Meter.

- **Einkehrmöglichkeiten:**
  Neidlingen, Reußensteinhof.

- **Sonstiges:**
  Die Wanderung verläuft auf Naturpfaden und festen Wegen.

- **Empfohlene Karte:**
  Freizeitkarte 524, Bad Urach, Landesvermessungsamt Baden-Württemberg.

Beste Aussicht vom Fuchseck

Eschenbach – Fuchseck – Sielenwang – Eschenbach

Bei dieser Wanderung kommen wir zu einigen Aussichtspunkten. Es geht erst hoch bis zum Fuchseck, dann weiter zum Sielenwang und von hier aus hinab zum Ausgangspunkt. Historisch interessierte Wanderer lesen die Erklärungstafeln in Eschenbach.

Blick auf das idyllisch im Tal liegende Auendorf

- **Ausgangspunkt:**
  Eschenbach, südlich von Göppingen.

- **Wegverlauf:**
  Wir parken in *Eschenbach* südlich der Durchgangsstraße bei der evangelischen Kirche und beim Rathaus an der Kreuzung Bahnhofstraße/Lotenbergstraße. Nun gehen wir von der Kirche aus in der Bahnhofstraße kurz nach Osten und biegen nach rechts in die Ringstraße ein. Unser Wanderzeichen, das uns auf fast der ganzen Tour begleiten wird, ist das blaue Dreieck. Kurz darauf kommen wir zum ehemaligen Backhäuschen und halten uns links. An der Verzweigung am Ortsrand nehmen wir die nach rechts hinaufziehende Brunnengasse. Bald darauf zweigt der Wanderweg nach links ab in Richtung »Fuchseck«. Wir kommen an einem Wanderparkplatz vorbei und steigen hoch zum Waldrand. Ab und zu sollten wir zurückschauen, denn wir haben hier die ersten schönen Ausblicke dieser Tour.

  Im Wald bleiben wir auf dem breiten Weg. Nachdem es eben geworden ist, zweigt nach links ein Weg (Fuchseckhof) ab. Es geht nun praktisch zurück, und kurz darauf verlassen wir beim *Fuchseckhof* den Wald. Hier steigen wir rechts der Gebäude über die Wiesen geradeaus hoch zum Waldrand; auch hier sollte man die Aussicht genießen. Im Wald treffen wir auf einen querenden Forstweg, etwas nach links versetzt zweigt der Wanderweg als

Pfad nach rechts ab. Im Zickzack steigen wir nun hoch zum Fuchseck; kurz davor wechselt das Zeichen vom blauen in das rote Dreieck.

Am 762 Meter hohen *Fuchseck* haben wir eine erste Rast verdient. Wir sehen ins Albvorland, zu den Dörfern vor uns, am Albtrauf entlang und zu den Kaiserbergen Hohenstaufen, Hohenrechberg und Stuifen. Ein Großteil des Landkreises Göppingen ist vor uns ausgebreitet.

Nun wandern wir mit dem roten Dreieck nach links am Trauf entlang in Richtung »Rottelstein/Sielenwang«. Nach etwa einem halben Kilometer treffen wir auf den *Rottelstein* (780 m); die Aussicht ist allerdings etwas zugewachsen. Es geht weiter und bald verlassen wir den Wald, hier halten wir uns rechts. Gleich darauf geht es steil hinab zu einem Häuschen, nun zieht unser Weg nach rechts. Wir kommen an einem ehemaligen Steinbruch vorbei. Kurz danach zweigt unser Weg nach rechts ab und wir kommen hinunter zu einem Parkplatz am *Sattel* zwischen Gammelshausen und Auendorf. Auf der anderen Seite steigen wir steil hoch zum *Sielenwang;* hier sollte man bei feuchtem Wetter aufpassen. Oben verläuft der Weg entlang des Traufs, allerdings ist der Blick ins Vorland zugewachsen.

Bei einem kleinen Häuschen biegen wir, nun wieder mit dem Zeichen blaues Dreieck, nach rechts ab in Richtung »Lotenberg«. Der Weg führt links am Häuschen vorbei. Nach etwas Bergab knickt er nach rechts ab und wir überqueren die Landstraße (etwas weiter links befindet sich ein weiterer lohnender Aussichtspunkt). Nach der Straße wandern wir auf breitem Weg weiter. Wir verlassen den Wald und kommen zur Ansiedlung *Lotenberg*.

Weiter geht es durch den Weiler und bergab über Wiesen, wieder mit schönem, weitem Blick. An einer links stehenden Scheune behalten wir unsere Richtung bei und überqueren den Bach. Kurz danach knickt der Weg nach links ab und wir kommen zu

Frühlingsatmosphäre am Sielenwang

Im 1379 erstmals erwähnten **Eschenbach** sehen wir einige Schilder, die auf historisch interessante Baulichkeiten hinweisen. Im Pfarrhaus wurde der Theologe Dr. Theodor Engel geboren (1842–1933). Er machte sich auch einen Namen als Naturkenner und Geologe, der die Schwäbische Alb und ihre Versteinerungen erforschte. Vor dem Rathaus steht die Skulptur »Zwei Schultes«. Sie weist auf die Zeit hin, als der Ort zu zwei Dritteln den Herren von Liebenstein und zu einem Drittel dem Kloster Adelberg, ab 1534 dessen Nachfolgern, den Württembergern, gehörte. Beide setzten für ihren Teil einen Schultes ein, und es kam (wohl zwangsweise) zwischen beiden des Öfteren zu Streitigkeiten. Erst nachdem 1789 der Liebensteiner Anteil auch zu Württemberg gekommen war, gab es nur noch einen Schultes. Nach dem Übergang deren Teils an Württemberg wurde das Gebäude der Liebensteiner als Rat- und Schulhaus genutzt. – Ein Pfarrer – und damit auch eine Kirche – auf dem **Lotenberg** wurde 1228 in einer Urkunde des Klosters Sankt Gallen erwähnt. Zu dieser Sankt Peter geweihten Kirche fanden Wallfahrten statt. Sie gehörte erst den Herzögen von Teck, ab 1318 den Württembergern. 1438 kam sie als württembergisches Lehen an das Katharinenspital in Göppingen. Die Kirche verfiel ab Ende des 17. Jahrhunderts und wurde Anfang des 19. Jahrhunderts abgebrochen. Im 13. Jahrhundert befand sich hier auch eine mit Wall und Graben gesicherte Burg. 1279 nannte sich der Teck'sche Dienstmann Eberhard »von Lotenberg«.

den ersten Häusern von *Eschenbach*. Auf der Lotenbergstraße spazieren wir zurück zur *Kirche*.

- **Länge:**
  Etwa 8 Kilometer.

- **Zeit:**
  Etwa 3 ½ Stunden.

- **Höhenunterschied:**
  Etwa 560 Meter.

- **Einkehrmöglichkeit:**
  Eschenbach.

- **Sonstiges:**
  Die Wanderung verläuft auf Naturpfaden und festen Wegen, bei feuchtem Wetter sollte man beim Aufstieg zum Sielenwang vorsichtig sein.

- **Öffentliche Verkehrsmittel:**
  Bahn bis Göppingen, weiter mit dem Bus.

- **Empfohlene Karte:**
  Freizeitkarte 521, Göppingen, Landesvermessungsamt Baden-Württemberg.

Von der Wallfahrtskirche zur Burgruine

Deggingen – Ave Maria – Buschelkapelle – Ruine Hiltenburg – Bad Ditzenbach – Deggingen

Kulturelle Höhepunkte dieser Tour sind die Wallfahrtskirche Ave Maria und die Kirche in Deggingen, die man beide besichtigen sollte. Prächtig ist dann der Streckenabschnitt auf der Höhe, der uns mehrere Aussichtspunkte bietet. Auch die Ruine Hiltenburg ist ein interessantes Bauwerk und lohnt einen Abstecher.

Die Ruine Hiltenburg ging aus zwei Burgen hervor.

- **Ausgangspunkt:**
  Deggingen, unterer Parkplatz Ave Maria. Zufahrt am östlichen Ortsende.

- **Wegverlauf:**
  Unser Zeichen ist vorerst die rote Raute. Mit ihr wandern wir entlang des Kreuzweges zur *Wallfahrtskirche Ave Maria,* nach ihr auf steinigem Pfad steil nach oben zum Trauf. Einige Zeit nach der Kirche passieren wir die *Kapelle Alt-Ave Maria.* Am Trauf orientieren wir uns nach rechts in Richtung »Berneck«, nun mit der roten Gabel. Kurz nachdem wir links die Höfe des Weilers Berneck gesehen haben, kommen wir zur *Burgstelle Berneck* und zur *Buschelkapelle.*

Danach geht es etwas bergab bis zu einem breiteren Weg, auf diesem einige Meter links und dann gleich rechts, nun wieder auf einem schmalen Pfad in Richtung »Oberbergfels«. Wir wandern durch den Wald, über Wiesen und Heide – immer die Zeichen beachtend – und vorbei an einer Abzweigung, die nach rechts bergab führt, bis zum *Oberbergfels.* Es gibt hier mehrere Aussichtspunkte, darunter einen mit einem Kreuz und einen mit einem abgespaltenen Felsen.

Nun orientieren wir uns in Richtung »Hiltenburg«, spazieren weiter durch den Wald und am Waldrand entlang bis zur Landstraße, die wir bei der *Schonterhöhe* überqueren. Dahinter geht es auf einem Asphaltsträßchen bis zu einem Parkplatz, an dessen Ende dann nach rechts, weiter auf einem Pfad. Vorbei an einigen Aussichtspunkten kommen

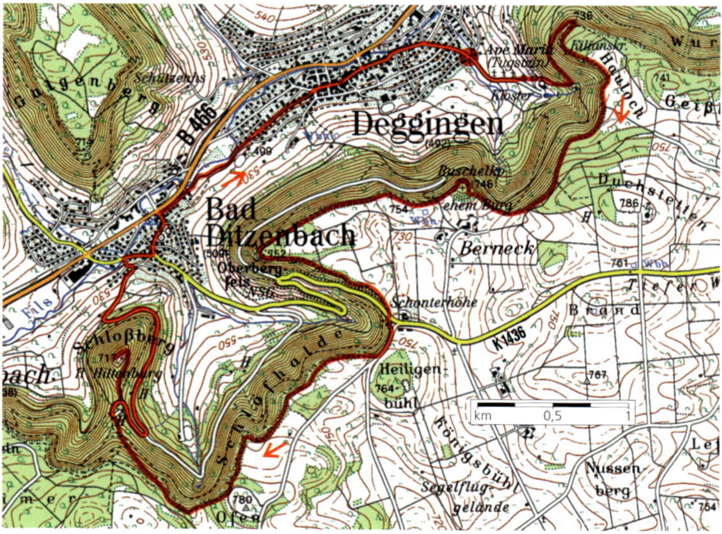

Ave Maria ist eine beliebte Wallfahrtskapelle.

wir zum Abzweig nach rechts zur »Hiltenburg«. Hier geht es abwärts zur *Hiltenburghütte*, dort nach links hinab zu einem Forstweg und auf diesem nach rechts. Gleich darauf können wir auf dem breiten Weg nach links aufwärts einen Abstecher zur *Hiltenburg* machen. Ansonsten spazieren wir, uns kurz darauf an einer scharfen Kurve links haltend, hinab nach *Bad Ditzenbach*.

Hinter den ersten Häusern kommen wir zu einer querenden Straße und halten uns hier rechts. Wo die Straße eine Rechtskurve macht und nach »Türkheim« führt, biegen wir nach links ab und schlendern geradeaus durch die Fußgängerzone. An deren Ende am Bach wenden wir uns nach links zur Landstraße und dort, noch vor dieser Straße, nach rechts (nicht der Beschilderung nach Deggingen folgen!). Wir gehen ein kurzes Stück parallel zur Landstraße; nach den letzten Häusern führt ein Weg über die Wiesen und neben dem Bach weiter. Bald erreichen wir einen Tennisplatz und spazieren geradeaus weiter. Es geht nun durch *Deggingen* hindurch, auf der Hauptstraße an der Kirche vorbei und immer weiter in derselben Richtung. Etwas später weisen schon Schilder nach »Ave Maria«. Sie führen uns – der Weg zieht dann etwas nach rechts – zurück zum *Parkplatz*.

- **Länge:**
  Etwa 14 Kilometer.
- **Zeit:**
  Etwa 4 Stunden.
- **Höhenunterschied:**
  Etwa 300 Meter.

Das 861 erstmals erwähnte **Bad Ditzenbach** war ursprünglich helfensteinisch. Die Mineralquelle ist seit 1472 bekannt. Teile der Kirche stammen aus dem 15. Jahrhundert. In der neuen Kirche sieht man eine prächtige gotische Pieta aus der Zeit zwischen 1402 und 1430, die aus der alten Kirche übernommen wurde. – **Deggingen,** 1137 erstmals genannt, gehörte erst den Helfensteinern, war später zeitweilig an Ulm verpfändet und mit der Herrschaft Wiesensteig verbunden. Früher waren hier viele Gipser und Stuckateure ansässig, die in weitem Umkreis arbeiteten. Im 18. und 19. Jahrhundert genoss der Ort weltweite Bekanntheit wegen seines Handels mit Spindeln, Schröpfköpfen und »Aderlasseiselen«. Die um 1700 erbaute Pfarrkirche besitzt eine vorzügliche barocke Innenausstattung (Stuckaturen, Hochaltar) und einen gotischen Turm. – Von der um 1250 erbauten **Burg Berneck** sind noch Wälle erkennbar. Im ehemaligen Burghof wurde 1847 die **Buschelkapelle** (Name wahrscheinlich von dem Wort Burgstall abgeleitet) erbaut. – Ein Glanzstück des deutschen Spätbarocks ist die 1716 bis 1718 erbaute **Wallfahrtskirche Ave Maria.** Die Fresken stammen von Josef Wannenmacher (1754). Die Stuckaturen sind ein Meisterwerk der einst berühmten Degginger Künstlerfamilie Schweizer. Das Gnadenbild wurde 1500 geschaffen. Seit 1929 wird die Kirche vom Kapuzinerorden betreut. – Die **Ruine Hiltenburg** stammt vermutlich aus der Zeit um 1200, nachweisbar ist sie ab 1289. Ehemals helfensteinisch, war sie die bedeutendste Burg im oberen Filstal. Zeitweise befand sich hier der Sitz eines helfensteinischen Amtmannes, ab 1396 der Hauptwohnsitz der Grafen von Helfenstein. 1516 wurde sie von Herzog Ulrich niedergebrannt, nachdem von ihr aus ein Kanonenschuss auf ihn abgegeben wurde; diese Tat war mit ein Grund für seine zweite Ächtung.

- **Grillmöglichkeit:**
  Hiltenburg.

- **Einkehrmöglichkeiten:**
  Bad Ditzenbach, Deggingen.

- **Sonstiges:**
  Man wandert überwiegend auf Naturpfaden und Forstwegen.

- **Öffentliche Verkehrsmittel:**
  Bahn bis Geislingen an der Steige, Bus bis Deggingen oder Bad Ditzenbach.

- **Empfohlene Karte:**
  Freizeitkarte 521, Göppingen, Landesvermessungsamt Baden-Württemberg.

Ruinen wie Perlen auf der Schnur

Otto-Hoffmeister-Haus – Krebsstein – Wielandstein – Mittagsfels – Otto-Hoffmeister-Haus

Die Wanderung führt uns vom zwischen Ochsenwang und Schopfloch stehenden Otto-Hoffmeister-Haus zunächst nach Süden zu den Ruinen Wielandstein und – mit einem kleinen Abstecher – zum aussichtsreichen Mittagsfels. Anschließend geht es durch das Torfmoor zurück zum Ausgangspunkt.

Das Torfmoor südlich von Ochsenwang ist eine Seltenheit auf der Alb; es hat seine Entstehung einem Vulkanschlot zu verdanken.

Ausgangspunkt:

Otto-Hoffmeister-Haus, südlich von Bissingen an der Teck-Ochsenwang.

Wegverlauf:

Wir wandern auf dem mit der roten Raute bezeichneten Asphaltsträßchen vom *Otto-Hoffmeister-Haus* aus nach Süden. Nach dem *Kreuzstein* kommen wir vor dem Wald an eine Verzweigung, an der wir links bleiben (Richtung »Krebsstein«). Durch das schattige Tälchen erreichen wir einen Parkplatz, bei dem wir nach rechts abbiegen müssen. Über Wiesenflächen mit Obstbäumen wandern wir zum Weiler *Krebsstein.* Immer dem Zeichen folgend, biegt man im Ort zweimal nach rechts ab und kommt wieder auf die Felder. Nach einiger Zeit knickt unser Asphaltsträßchen nach links ab (geradeaus führt ein Schotterweg weiter!). Wir erreichen den Wald, wo es nach links abwärts geht.

Kurz nach dem Wald treffen wir auf ein querendes Sträßchen; wir gehen dem Zeichen folgend hier geradeaus auf dem Feldweg in Richtung »Wielandstein« weiter. Bald darauf sind wir auch schon bei den *Ruinen.* Zurück halten wir uns am Waldaustritt links, bis wir auf einen Schotterweg treffen; auch jetzt geht es nach links weiter.

Nach einigen Minuten ist ein Abstecher zum Aussicht bietenden *Mittagsfels* (699 m) möglich. Wer möchte, wandert dazu am Wegweiser nach links. Der Weg zieht

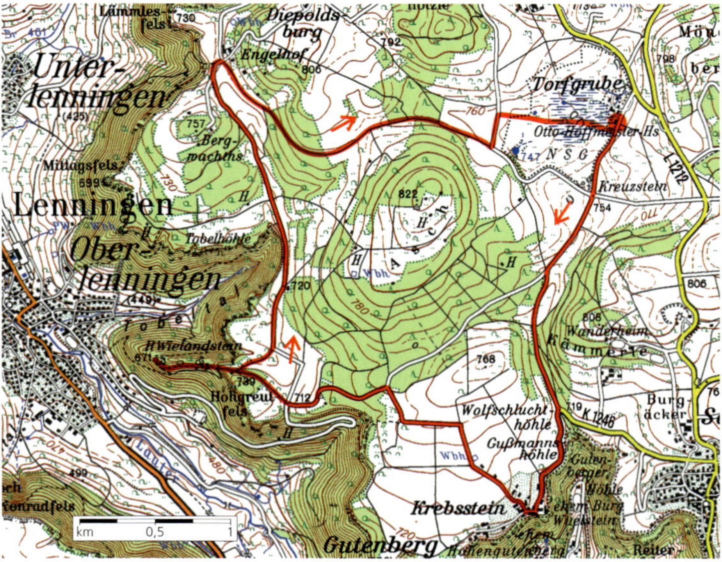

Die **Dolinen** beim Otto-Hoffmeister-Haus sind typische Erscheinungen eines Karstgebirges, wo der Fels unterirdisch ausgelaugt wird und dann einstürzt. – Der **Mittagsfels** mit seiner guten Aussicht befindet sich hoch über dem Lenninger Tal. – Vier **Burgen Wielandstein** waren es, die auf einem schmalen, 350 Meter langen Felssporn über dem Lenninger Tal einst saßen – hintereinander, wie Perlen auf der Schnur. Ihre Anfänge gehen bis etwa 1150 zurück. Besonders schön ist die heute noch zu sehende Ruine Hinterer Wielandstein – **Torfmoor** s. S. 21.

kurz darauf als Wiesenweg ein Stück nach rechts, bis ein Schild nach links zum Aussichtspunkt verweist.

Anschließend geht es wieder zurück zum Schotterweg. Weiter nach links gehend kommen wir bald zum *Engelhof.* Davor aber zweigt der mit der roten Raute bezeichnete Weg nach rechts ab. Er führt über Wiesen und in den Wald, dahinter kommen wieder Wiesen und nochmals ein Waldstück. Kurz nach Verlassen dieses Wäldchens erreichen wir einen Baum, an dem Wanderzei-

Immer wieder bieten kühne Felsen Gelegenheit zu aussichtsreicher Rast.

Wir sind neugierig ...

... was Sie von dem Buch halten, dem Sie diese Karte entnommen haben.

Titel des Buchs

Wie wurden Sie auf das Buch aufmerksam?

Bitte schreiben Sie uns ganz offen Ihre Meinung. Sie ist wichtig für unsere weitere Verlagsarbeit.

Der Silberburg-Verlag hat sich auf Baden-Württemberg spezialisiert. Haben Sie Ideen oder Vorschläge zu Buchthemen?

... Sie auch?

Tragen Sie einfach umseitig Ihre Anschrift ein. Gerne senden wir Ihnen dann Informationen zu unseren Neuerscheinungen.

Im Silberburg-Verlag erscheint »**Schönes Schwaben**« – die farbige Monatszeitschrift zu Kultur, Geschichte, Landeskunde. Informativ und unterhaltsam, aktuell und zeitlos. Mit traumhaft schönen Fotos und interessanten Artikeln von kompetenten Autoren. Sollen wir Ihnen einmalig ein kostenloses Probeheft senden?

☐ Ja ☐ Nein

Absender (bitte gut lesbar schreiben):

Name

Straße

PLZ Ort

E-Mail

Beruf Alter

Für Silberburg-Bücher interessiert sich auch:

Bitte als
Postkarte
frankieren

Deutsche Post
ANTWORT

Silberburg-Verlag GmbH
Schönbuchstraße 48
D-72074 Tübingen

chen angebracht sind. Hier biegen wir nach links in das Sträßchen ein. Etwa nach 200 Metern, bevor links wieder Gehölze wachsen, folgen wir dem nach rechts abgehenden Wiesenpfad. Er bringt uns durch das *Torfmoor* zum *Otto-Hoffmeister-Haus*.

In der Ruine Hinterer Wielandstein

- **Länge:**
  Etwa 11 ½ Kilometer.

- **Zeit:**
  Etwa 3 Stunden.

- **Höhenunterschied:**
  Etwa 100 Meter.

- **Grillmöglichkeit:**
  Vor den Ruinen Wielandstein.

- **Einkehrmöglichkeit:**
  Otto-Hoffmeister-Haus.

- **Sonstiges:**
  Die Wanderung verläuft zu großen Teilen auf asphaltierten und geschotterten Wegen, kurze Stücke auch auf Naturpfaden.

- **Öffentliche Verkehrsmittel:**
  Bahn bis Kirchheim unter Teck oder Oberlenningen, Bus bis Schopfloch oder Ochsenwang.

- **Empfohlene Karte:**
  Freizeitkarte 524, Bad Urach, Landesvermessungsamt Baden-Württemberg.

Über die Ruine Reußenstein zur Filsquelle

Wiesensteig – Bläsiberg – Ziegelhof – Ruine Reußenstein – Filsquelle – Zieleiche – Wiesensteig

Wiesensteig ist ein sehenswerter Ort mit heimeligen Ecken wie von Spitzweg erfunden, mit Fachwerk- und geschmückten Barockhäusern, einer prächtigen Kirche und einem schönen Elefantenbrunnen. Wir steigen bei dieser Wanderung vom Ort aus auf dem Kreuzweg hoch auf die Albhochfläche. Hier sollten wir einen Abstecher zur Ruine Reußenstein machen, einer richtigen »Bilderbuch-Ritterburgruine«; es ist aber auch ein kürzerer Weg möglich. Danach geht es hinab zur Filsquelle, die in einem romantischen Wiesentälchen liegt, und zurück zum Ausgangspunkt.

- **Ausgangspunkt:** Wiesensteig.

- **Wegverlauf:**

Wir folgen in *Wiesensteig* kurz dem Sträßchen in Richtung Neidlingen. Wo die Straße zur Filsquelle nach links abgeht, mündet von rechts die Sonnenbergstraße ein. Wir gehen rechts des ersten Hauses auf dem mit dem roten Strich markierten Steig steil nach oben. Vorbei an Kreuzwegstationen erreichen wir die *Kreuzkapelle*. Hier wandern wir auf dem Asphaltweg weiter. Beim *Hof Bläsiberg* knickt der Weg nach rechts ab, darauf hinter dem Wäldchen nach links.

Nun gibt es zwei Möglichkeiten. Bei der kürzeren beachten wir nach dem *Kurheim* das links bei einem scharfen Taleinschnitt liegende kleine Waldstück. Hier nehmen wir den Weg, der auf dessen rechter Seite in den Wald hineinführt. Kurz danach verlassen wir den Wald und gehen nach rechts über die Wiesen zur Straße, der wir kurz nach rechts folgen. Auf dem nach links abgehenden Asphaltweg wandern wir zum *Ziegelhof*. Nach den Gebäuden biegen wir mit dem Zeichen rote Raute nach links ab in Richtung »Filsquelle«.

Etwas länger – dafür können wir bei dieser Variante die Ruine Reußenstein besichtigen – ist es, wenn wir beim *Kurheim* geradeaus weiterwandern, kurz danach die Straße überqueren, über die Hochfläche zum *Hof Reußenstein* und am Trauf entlang zur *Ruine Reußenstein* wandern. Nach der Besichtigung spazieren wir wieder zurück zum *Hof Reußenstein*, dort nach rechts zur Straße und an ihr entlang zum *Ziegelhof*.

Wir steigen nun durch ein wildromantisches Tälchen mit mächtigen bemoosten Felsbrocken, danach durch das *Autal* hinab ins *Filstal,* wo wir der Straße nach rechts folgen. Vor der Papiermühle können wir entweder dem Naturweg rechts oder dem Schotterweg links des Baches bis zur *Filsquelle* folgen.

Wer schon müde ist und nicht mehr ansteigen will, geht von hier aus durch das Tal zurück nach Wiesensteig. Dabei kann man ab der Papiermühle rechts von Bach und Straße wandern. Ansonsten steigen wir an der Quelle links des steinernen *Schutzhäuschens* mit dem Zeichen rote Gabel steil hoch. Nach einem querenden Forstweg wandern wir

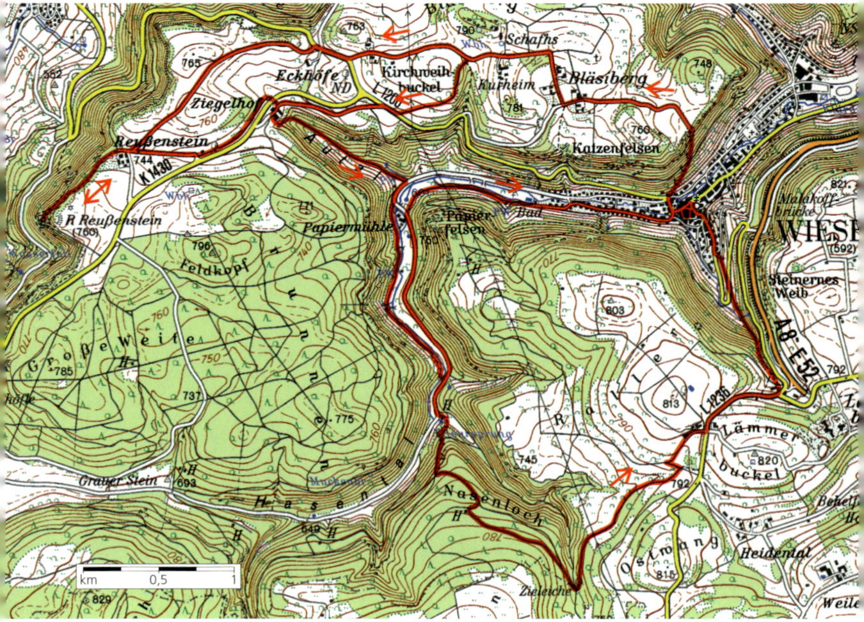

Die mächtige doppeltürmige Stiftskirche in **Wiesensteig** geht auf ein Benediktinerkloster aus dem 9. Jahrhundert zurück. An ihrer Außenwand finden wir eine große Ölberggruppe. Von dem berühmten bayerischen Barockbildhauer Johann Baptist Straub, der hier geboren wurde, stammen einige Schnitzwerke der klassizistisch ausgestatteten Kirche. Auch Straubs Neffe Franz Xaver Messerschmidt, der es in Wien zum berühmten Bildhauer brachte, stammte von hier. Das Städtchen selbst war eine Zeit lang bayerisch und kam 1806 zu Württemberg. An die vorbayerische Zeit, als der Ort den Grafen von Helfenstein gehörte, erinnert unter anderem der Marktbrunnen mit dem Wappenbild des Helfensteiner Elefanten auf der Säule. Die alten Häuser sind schön renoviert und mit Erklärungstafeln versehen. – Die **Ruine Reußenstein** stand jahrhundertelang leer und verfiel, heute thront sie jedoch als »Bilderbuch-Ritterburgruine« auf ihrem Bergsporn. Von der Ruine aus hat man eine gute Aussicht ins Neidlinger Tal, nach Neidlingen und ins Albvorland, besonders schön ist sie zur Zeit der Kirschenblüte im April und Mai. Nahebei befinden sich beliebte Kletterfelsen.

Der Weg zur Filsquelle führt durch ein idyllisches Wiesental.

auf einem wohl selten begangenen und etwas zugewachsenen Weg geradeaus weiter; Wegzeichen finden wir vorerst keine mehr. Schließlich erreichen wir wieder einen breiten Forstweg, auf dem wir nach links bis zu einer Hütte spazieren; hier sehen wir wieder das Zeichen. Wir gehen nach links weiter bis zur *Zieleiche.*

Nach links abbiegend halten wir uns in Richtung »Lämmerbuckel«. Hinter dem Wald geht es über Wiesen weiter bis vor ein Wäldchen. Hier biegen wir nach links in Richtung der Windräder ab, halten uns aber gleich wieder rechts zu dem Bauernhof. An der Straße nach dem Hof biegen wir nach links ab und gehen einige Minuten auf ihr, bis die Straße nach »Hohenstadt« rechts abzweigt. Hier gehen wir nach links hinab zu der großen Scheune und folgen dort dem Weg über die Wiesen. Vor den nächsten Bäumen biegen wir – vorerst ohne Zeichen, das gelbe Dreieck sehen wir erst später – nach rechts ab und gehen in dem scharfen Taleinschnitt direkt unterhalb der Straße bergab. Nach einiger Zeit überqueren wir die Straße und spazieren hinab nach *Wiesensteig.*

- **Länge:**
  Etwa 16 Kilometer.

- **Zeit:**
  Etwa 5 Stunden.

- **Höhenunterschied:**
  Etwa 650 Meter.

Die Kirche in Wiesensteig besitzt wertvolle Kunstschätze.

- **Grillmöglichkeiten:**
  Ruine Reußenstein, Filsquelle.

- **Einkehrmöglichkeiten:**
  Wiesensteig.

- **Sonstiges:**
  Die Wanderung verläuft auf Naturpfaden und festen Wegen.

- **Empfohlene Karte:**
  Freizeitkarte 524, Bad Urach, Landesvermessungsamt Baden-Württemberg.

Vom Hohenstaufen über die Höhe

Hohenstaufen (Ort) – Hohenstaufen (Ruine) – Spielburg – Spitalwald – Wannenhof – Hohenstaufen (Ort)

Diese Wanderung ist empfehlenswert sowohl für Naturfreunde, die prächtige Aussichtspunkte suchen, wie auch für historisch interessierte Wanderer. Man besucht eine berühmte Stauferburg – von der allerdings nicht mehr viel übrig ist – und kann sich auch in einem Museum mit der Geschichte der Staufer beschäftigen.

Der Hohenstaufen ist die Wiege des berühmten Kaisergeschlechts.

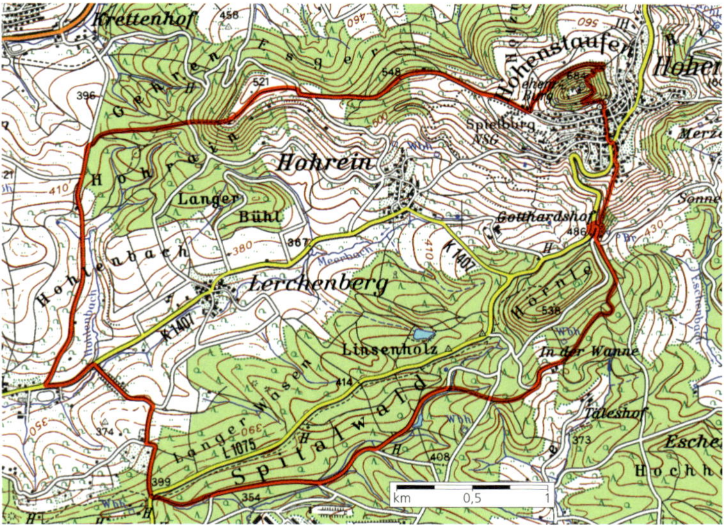

■ **Ausgangspunkt:**
Hohenstaufen.

■ **Wegverlauf:**
Ein großer Parkplatz befindet sich kurz unterhalb des Ortes *Hohenstaufen* in Richtung Göppingen. Wir wandern von hier aus mit dem Wanderzeichen roter Balken steil hoch zum Ort, treffen dort auf die Durchgangsstraße und gehen geradeaus weiter hinauf in Richtung der mit einem dornähnlichen Dach ausgestatteten *Kirche* (Kaiserbergsteige). Die Barbarossakirche mit der »Dokumentation staufischer Geschichte« befindet sich rechts von dieser Kirche.

Zwischen den Kirchen hindurch und dahinter in Serpentinen kommt man hoch auf den *Gipfel* zu den Ruinen. Wir können auf den Tafeln Interessantes über die Staufer lesen und die Aussicht bewundern. Eine Gaststätte des Schwäbischen Albvereins lädt zum Verweilen ein. Anschließend geht es in Richtung »Maitis« wieder hinab. Im Zickzack erreichen wir den Waldrand, wo wir uns auf dem Schotterweg links halten.

An einer Hütte nehmen wir den mit dem roten Kreuz markierten Pfad, der nach rechts abzweigt. Eine Wiese überquerend kommen wir zu einem breiten Weg, dem wir nach links folgen. Nach den Antennen biegen wir hinter dem Haus nach rechts ab. Links liegt die *Spielburg*.

Wir folgen an dem Haus dem Weg und halten uns an einer Verzweigung geradeaus in Richtung »Birenbach«. Ab nun haben wir immer wieder eine prächtige Aussicht. Wir kommen ein Stück durch den Wald, danach geht es zwischen Feldern und Gärten weiter. Wo das Asphaltsträßchen nach rechts zieht, gehen wir mit dem roten Kreuz geradeaus weiter auf dem Feldweg.

Jetzt wandern wir über einen Höhenrücken. Im Wald geht es dann ein Stück steil abwärts, wir überqueren einen Waldweg und wandern dahinter geradeaus weiter bis zum Waldrand. Auch hier genießen wir die Aussicht. Nun halten wir uns links, unser Weg führt uns eine Zeit lang auf einem Autosträßchen. Es geht bergab zu einer querenden Landstraße. Wir biegen nach links ab, vorbei an den Sportplätzen, und orientieren uns etwas später nach einem Bachlauf rechts. Nun steigt es wieder etwas an, erst über freie Flächen, dann durch ein Waldstück, hinauf zur querenden Landstraße.

Auf der anderen Seite dieser Straße halten wir uns kurz links, nehmen aber gleich darauf den nach rechts abzweigenden, unbefestigten und unmarkierten Weg, der nach rechts etwas abwärts führt. Nach ein paar Minuten treffen wir auf einen festen Waldweg, in den wir nach links einbiegen. Nach einem Tümpel sehen wir wieder das Wanderzeichen roter Balken, das uns zurück zum Ausgangspunkt bringt. Vor einer Holzhütte werden wir nach links verwiesen, danach folgt ein weiterer See, und nach ihm halten

Die Spielburg ist eine eindrucksvolle Laune der Natur.

Die **Barbarossakirche** von 1500 im Ort **Hohenstaufen** wurde 1977 zu einer Staufergedenkstätte umgebaut. Hier befindet sich ein Ausstellungsraum für staufische Geschichte. – Beim **Hohenstaufen** handelt es sich wie bei den beiden anderen Kaiserbergen Rechberg und Stuifen um einen Zeugenberg: Er blieb stehen, während der Albrand im Laufe von Jahrmillionen zurückwich (und noch zurückweicht). Nur noch wenige Reste sind von der Burg übrig geblieben, die 1070/80 vermutlich der erste Stauferherzog Friedrich von Schwaben (davor von Büren) errichten ließ; er war der Großvater Kaiser Friedrichs I., genannt Barbarossa. Die Burg wurde nach und nach abgetragen, nachdem sie im Bauernkrieg niedergebrannt worden war. – Vor etwa zwei Millionen Jahren löste sich bei der **Spielburg** der Albtrauf; eine Weißjuraschholle stürzte auf den Braunen Jura. Besonders beeindrucken die Felsen, die von einer schönen Heide mit Wacholder und Halbtrockenrasen umgeben sind. Hier handelt es sich um das größte Trockenbiotop der Stadt Göppingen.

wir uns an einer Verzweigung rechts. Kurz darauf zweigt der markierte Weg nach rechts ab. Er bringt uns hoch zu einem querenden breiteren Weg, hinter dem wir geradeaus weitergehen in Richtung »Wannenhof«. Bei einer Wiese – man beachte die Aussicht ins Filstal und zum Albtrauf! – treffen wir auf eine Fahrstraße, auf der wir zu der *Gastwirtschaft* wandern. Es geht an ihr vorbei bis zu einem querenden Forstweg. Nach links bringt er uns in wenigen Minuten zurück zum Ausgangspunkt.

- **Länge:**
  Etwa 12 Kilometer.

- **Zeit:**
  Etwa 4 Stunden.

- **Höhenunterschied:**
  Etwa 700 Meter.

- **Grillmöglichkeit:**
  Hohenstaufen.

- **Einkehrmöglichkeiten:**
  Hohenstaufen (Ort und Ruine), Wannenhof.

- **Sonstiges:**
  Die Wanderung verläuft auf Naturpfaden und festen Wegen.

- **Öffentliche Verkehrsmittel:**
  Bahn bis Göppingen, dann Bus.

- **Empfohlene Karte:**
  Freizeitkarte 521, Göppingen, Landesvermessungsamt Baden-Württemberg.

Aussichtsreiche Tour zur Ruine Rechberg

Wißgoldingen – Waldstetten – Wallfahrtskirche – Ruine Hohenrechberg – Rechberg – Wißgoldingen

Zu den berühmtesten Zielen der Schwäbischen Alb gehören die drei so genannten Kaiserberge. Den einen, den Stuifen, umrunden wir bei dieser Tour, den zweiten, den Rechberg, besteigen wir, und den dritten, den Hohenstaufen, sehen wir von weitem. Die Rehgebirge genannte Gegend südlich von Schwäbisch Gmünd ist lebhaft bewegt und von vielen kleineren Tälern durchfurcht. So haben wir fast ständig eine herrliche Aussicht über die Schwäbische Alb und ihr Vorland. Kulturelle Höhepunkte der Wanderung sind die Wallfahrtskirche und die Ruine Hohenrechberg.

- **Ausgangspunkt:** Waldstetten-Wißgoldingen.

- **Wegverlauf:**

Am nördlichen Ortsende von *Wißgoldingen* weist ein Schild zum »Wanderparkplatz«, der am Wasserbehälter direkt unterhalb des Stuifen liegt. Dieser Berg zählt zwar zu den so genannten Kaiserbergen, trug jedoch im Gegensatz zu den beiden anderen nie eine Burg. Wir halten uns mit dem Wanderzeichen rotes Kreuz rechts in Richtung »Reiterleskapelle«. Nach ein paar Minuten biegen wir, kurz bevor unser Feldweg in ein Sträßchen mündet, nach links in das Urengartensträßle ein. Gleich darauf am Waldrand werden wir mit dem roten Kreuz nach links auf einen Pfad verwiesen (»Stuifen«). Nun steigt es an. Nach ein paar Minuten führt der Pfad geradeaus und eben weiter, wir zweigen aber mit dem Zeichen nach rechts ab und steigen noch etwas aufwärts zur nächsten Verzweigung. Hier führt der mit dem roten Kreuz markierte Weg nach links zum Stuifen, wir gehen aber mit dem blauen Kreuz geradeaus weiter in Richtung »Waldstetten«. Jetzt

In der Kirche auf dem Rechberg

fällt es wieder und der Pfad bringt uns hinab zu einem Forstweg, hinter dem der Blaukreuzweg weiterführt. Wir achten auf unserem Weg durch den Wald an Verzweigungen immer auf das Zeichen. Schließlich verlassen wir den Wald und spazieren kurz danach auf einem Asphaltsträßchen durch Streuobstwiesen hinab nach *Waldstetten*.

An der vorfahrtsberechtigten Straße halten wir uns links und kommen zur Kirche. Am Kreisverkehr unterhalb gehen wir noch kurz geradeaus weiter in Richtung Straßdorf, biegen aber gleich danach an dem zu einer kleinen Parkanlage umfunktionierten *Alten Friedhof* nach links in die Rechbergstraße ein (»Rechberg/Wanderweg«). Nun geht es mit dem blauen Kreuz eine Zeit lang eben durch das Wohngebiet, danach steigt der Weg an und bringt uns in den Ort *Rechberg*.

Wir überqueren die Durchgangsstraße und halten uns direkt hinter ihr halbrechts in den Valerian-Brenner-Weg. Gleich nach den Häusern gehen wir rechts an einem *Feldkreuz* vorbei und kommen in den Wald. Unser Zeichen ist das rote Kreuz, zeitweise sehen wir auch einen blauen Strich. Ein paar Minuten später nehmen wir den nach links abknickenden Rotkreuzweg, der uns in wenigen Minuten steil hinauf zur *Wallfahrtskirche* auf dem Rechberg bringt.

Nach der Besichtigung spazieren wir auf dem Zufahrtssträßchen bergab. Unterwegs sollten wir die Lehrtafeln des Geologischen Pfades beachten. Nun können wir die *Ruine Hohenrechberg* besichtigen, von der aus das Sträßchen in wenigen Minuten hinab in den *Ort* führt. Wir überqueren links von dem großen Parkplatz die Straße und wandern in der Rehgebirgsstraße weiter. An der querenden Staufeneckstraße halten wir uns links und kommen zur Durchgangsstraße (Kaiserbergstraße), auf der wir nach rechts den Ort verlassen.

Ein paar Minuten wandern wir an der Landstraße entlang, dann zweigen wir mit dem roten Kreuz nach links in Richtung »Braunhäusle« ab. Gleich danach halten wir uns rechts in Richtung »Wißgoldingen«. Das Sträßchen steigt noch kurz an bis zu einer Querstraße. Hier hal-

Die Ruine Hohenrechberg hoch über dem Ort

Die **Ruine Hohenrechberg** (644 m) wurde ab dem 13. Jahrhundert von staufischen Ministerialen erbaut und kam 1806 an Württemberg. Sie überstand alle Kriegswirren, wurde aber im Winter 1865 von einem Blitzschlag zerstört. – Die katholische **Pfarr- und Wallfahrtskirche zur schönen Maria** auf dem Rechberg wurde 1686 bis 1688 anstelle eines gotischen Vorgängerbaus im Barockstil errichtet. Sie besitzt eine prächtige Inneneinrichtung mit vielen Stuckaturen und Skulpturen.

ten wir uns rechts und kommen in wenigen Minuten zurück zum Ausgangspunkt.

- **Länge:**
  Etwa 12 ½ Kilometer.

- **Zeit:**
  Etwa 3 Stunden.

- **Höhenunterschied:**
  Etwa 540 Meter.

- **Einkehrmöglichkeiten:**
  Waldstetten, Rechberg.

- **Sonstiges:**
  Wir wandern auf festen Wegen und Pfaden, die bei Nässe rutschig sein können.

- **Empfohlene Karte:**
  Freizeitkarte 521, Göppingen, Landesvermessungsamt Baden-Württemberg.

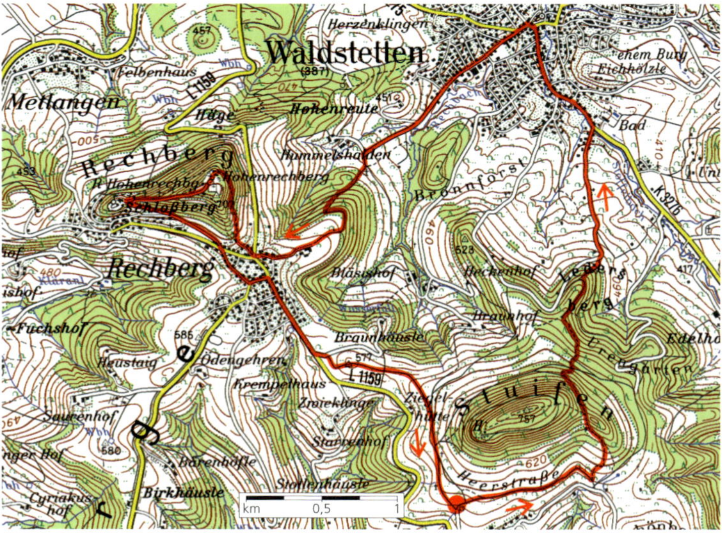

Reiterleskapelle, Kaltes Feld und Hornberg

Parkplatz Christental – Reiterleskapelle – Franz-Keller-Haus – Hornberg – Parkplatz Christental

Die Reiterleskapelle beim Kalten Feld bietet mit der mächtigen Linde, die ihr Schatten spendet, ein überaus romantisches Bild, das nicht umsonst Eingang in viele Bildbände über die Schwäbische Alb gefunden hat. Ansonsten erfreuen wir uns bei dieser Wanderung an Wacholderheiden und einigen schönen Aussichtspunkten. Die Wanderung ist nicht allzu lang, doch ist sie, bedingt durch den steten Anstieg in der ersten Hälfte, eine recht stramme Tour.

- **Ausgangspunkt:**
Parkplatz Christental bei Lauterstein-Nenningen.

- **Wegverlauf:**
Um zum Parkplatz zu gelangen, biegen wir in *Nenningen* bei der Kirche von der B 466 ab, fahren dahinter auf der Bergstraße nach rechts und biegen dann nach links in die Christentalstraße ein. Danach orientieren wir uns an den Schildern zur »Reiterleskapelle«.

Vom Parkplatz aus wandern wir, vorbei am Hochwasserrückhaltebecken, das asphaltierte Sträßchen im von Wiesen und Heide gesäumten *Christental* gemächlich aufwärts. Nach einiger Zeit erreichen wir einen Bauernhof, dahinter macht das Sträßchen noch einen Schlenker, und schon stehen wir auf der Passhöhe, auf der sich auch die *Reiterleskapelle* befindet.

Kurz vor der Kapelle geht nach rechts ein mit rotem Kreuz markierter Weg zum »Franz-Keller-Haus« ab. Weiter ansteigend bringt er uns in den Wald. Kurz nachdem wir links einen hell leuchtenden Felsaufschluss gesehen haben, verzweigt sich der Weg. Wir biegen nach links ab und kommen bald darauf zu einem scharfen Wegknick nach rechts. Nun geht es steil nach oben; nach rechts ziehend bringt uns der

Weg auf die Hochfläche des Kalten Feldes. Vor einem Acker werden wir hier nach links verwiesen (rechts finden wir am Trauf einen Aussichtspunkt). Wir wandern nun eine Weile am Trauf entlang. Am zweiten Schild »Wasserschutzgebiet« zieht der Weg nach rechts, und schon stehen wir vor dem *Franz-Keller-Haus*.

Noch vor dem Haus geht ein mit blauem Strich markierter Weg nach rechts ab, er wird unser Rückweg sein. Zuerst wandern wir aber zum Hornberg mit seinen Aussichtspunkten; auch der Segelflugbetrieb ist interessant. Wir orientieren uns an der Bezeichnung »Hornberg«, das Zeichen ist das rote Kreuz. Kurz nach dem Haus werden wir vom Weg weg nach links verwiesen. Danach kommen wir zu einem anderen Weg am Trauf, in den wir nach rechts einbiegen. Es geht nun abwärts, und bald knickt der Weg vor einem Holzzaun am Abbruch des Geländes scharf nach links ab.

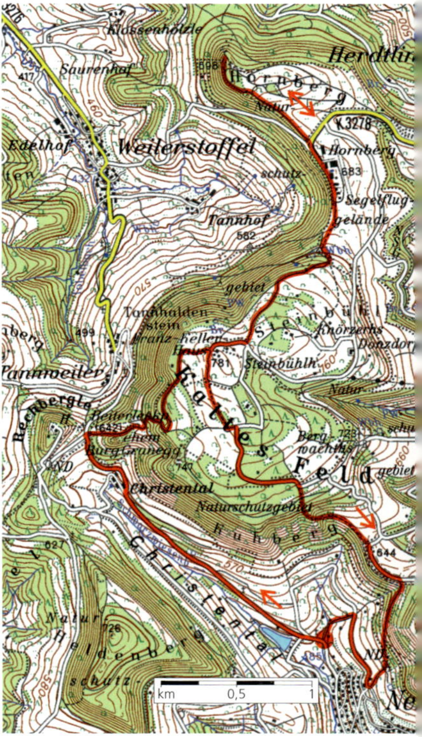

Wir steigen hinab zu den Gebäuden auf dem Segelflugplatz. Unterwegs haben wir nach links noch einen schönen Ausblick zum Rechberg und zum Stuifen. Am *Segelflugplatz* gehen wir nach Norden, vorbei am nach links nach Waldstetten abzweigenden Weg (blaues Kreuz). Wir bleiben immer oben am Trauf, kommen an einem Aussichtsplatz vorbei und schließlich zum Aussichtspunkt am nordwestlichen Zipfel des *Hornbergs* (698 m).

Danach gehen wir auf demselben Weg zurück zum *Franz-Keller-Haus*. Hier folgen wir dem Blaustrichweg. Wir müssen nun gut aufpassen, dass wir bei dem etwas komplizierten Wegverlauf die Markierungen, die aber durchgehend angebracht sind, nicht übersehen. Kurz nach dem Haus verzweigt sich der Weg; hier gehen wir geradeaus auf dem durch das Buschwerk führenden Pfad weiter. Etwas später überqueren wir einen Feldweg, auch hier wandern wir geradeaus weiter. Kurz darauf orientieren wir uns am Waldrand, der etwas nach rechts abknickt. Aber bereits nach rund

Blick vom Hornberg weit über das Albvorland

hundert Metern kommen wir, dem Zeichen nach »Nenningen« folgend, nach links in den Wald. Nun geht es auch etwas bergab.

Ein Stück vor einer Hütte zweigt nach rechts ein schmaler Pfad vom breiteren Weg ab. Wir kommen bald aus dem Wald heraus und treffen auf einen Schotterweg, dem wir nach rechts folgen. Gleich darauf, an dessen Linkskurve, gehen wir aber geradeaus wieder in den Wald hinein. Es geht nun auf einem schmalen Steig, anfangs etwas steil, weiter bergab. Dafür aber wird die Aussicht immer besser. Nachdem es wieder ebener geworden ist, wandern wir parallel zu einem Feldweg bis kurz vor eine Einkerbung in der Bergflanke. Nun führt ein breiter Weg nach rechts bergab, der uns schließlich nach *Nenningen* bringt. Vor den ersten Häusern biegen wir rechts ab. Das Asphaltsträßchen führt eben weiter bis zu einem Bach, hinter dem wir nach links bergab spazieren, direkt zum Ausgangspunkt.

- **Länge:**
  Etwa 11 ½ Kilometer.

- **Zeit:**
  Etwa 4 Stunden.

Die **Reiterleskapelle** wurde 1714 von einer Familie Reiter aus Tannweiler gestiftet, nachdem dem Bauern hier nachts der Geist eines wilden Reiters begegnet sein soll. – Das **Kalte Feld** ist mit 781 Metern Seehöhe der höchste Punkt der Ostalb. Das von Wacholderheiden und Ackerflächen bedeckte Bergplateau ist der Alb vorgelagert und nur durch den Furtlepass mit ihr verbunden. – Das **Franz-Keller-Haus** wurde 1908 erbaut, 1931 vom Schwäbischen Albverein erworben und 1976/77 erweitert. An Wochenenden ist es bewirtschaft.

- **Höhenunterschied:** Etwa 350 Meter.

- **Grillmöglichkeit:** Franz-Keller-Haus.

- **Einkehrmöglichkeit:** Franz-Keller-Haus.

- **Sonstiges:** Bis zur Reiterleskapelle gehen wir auf einem Asphaltsträßchen, später auf zum Teil steil bergab führenden Steigen. Der Wegverlauf ist teilweise kompliziert.

- **Empfohlene Karte:** Freizeitkarte 521, Göppingen, Landesvermessungsamt Baden-Württemberg.

Die Reiterleskapelle hat ihre Entstehung einer »nächtlichen Erscheinung« zu verdanken.

Über den Himmelsfels zur Kuchalb

Eybach – Himmelsfels – Oberweckerstell – Eybacher Hütte – Eybach

Wir beginnen diese Wanderung bei einem Schloss, steigen steil auf zu einem Fels mit herrlicher Aussicht und wandern danach auf der Hochfläche der Alb weiter. Wir kommen an einer Wetterstation vorbei, anschließend geht es wieder hinab ins Tal.

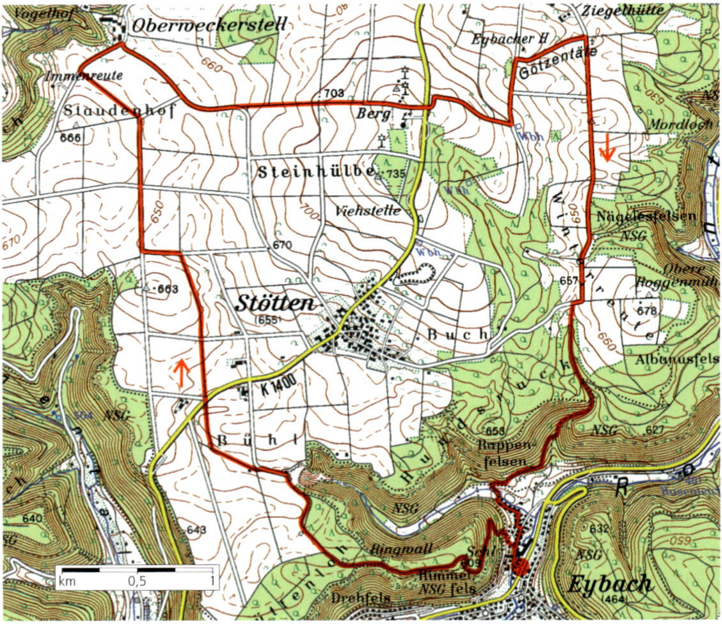

Auf dem Himmelsfelsen über Eybach hat man eine herrliche Sicht ins Tal.

Ausgangspunkt:
Geislingen an der Steige-Eybach.

Wegverlauf:
Wir gehen in *Eybach* zum Schloss und zum gusseisernen Brunnen davor. Hier biegen wir ab in die Roggentalstraße. Kurz nach dem Schloss werden wir mit dem Wanderzeichen rote Raute nach links in Richtung »Himmelsfelsen« verwiesen. Wir folgen nun dem Zeichen, das uns im Zickzack hoch zum *Himmelsfelsen* leitet.

Nach dem Fels zieht der Weg nach rechts, dann nach links und wir wandern nun am Trauf entlang. Einige Minuten später ignorieren wir den nach links abzweigenden Naturweg und gehen geradeaus weiter in Richtung »Stötten«. Wir verlassen den Wald und gehen etwas am Rand entlang. Bei dem eingezäunten Grundstück knickt der Weg nach links ab. Wir wandern geradeaus weiter, vorbei an dem steinernen Geräteschuppen, und werden kurz vor der Straße nach rechts verwiesen. Nun steigt es etwas an, wir überqueren die Straße und spazieren schließlich wieder etwas abwärts zu einem Querweg, an dem es geradeaus nicht mehr weitergeht.

Vor dem Schloss in Eybach steht ein schöner alter, gusseiserner Brunnen.

Wir biegen hier nach links ab (»Kuchalb«) und am nächsten Querweg rechts. Etwa 800 Meter, nachdem wir einen Feldweg überquert haben, kommen wir zu einer Verzweigung, halten uns hier halblinks und erreichen kurz darauf ein Sträßchen. Etwas nach links versetzt steht das *Naturfreundehaus Immenreute,* von wo man ins Albvorland, zum Hohenstaufen und zur Ruine Scharfenberg sieht. Nach rechts sind wir in wenigen Minuten nach *Oberweckerstell* gewandert. Wir biegen beim ersten Haus nach rechts ab in Richtung »Stötten«.

Das Sträßchen zieht gleich darauf etwas nach links, dann nach rechts. Hier gehen wir geradeaus hinauf zu den *Windkraftanlagen* in Richtung »Eybacher Hütte«. Wir durchwandern den Windpark – ab und zu sollte man auch zurückblicken und die Aussicht genießen –, kommen an der *Wetterstation Stötten* vorbei und zur Straße. Dahinter halten wir uns erst links, dann rechts und spazieren mit schönem Blick auf Schnittlingen hinab zu einem Was-

Eybach wurde 1275 erstmals genannt. In der Kirche (15. Jh.) befindet sich eine Pieta aus dem 14. Jahrhundert. Schloss Eybach ist eines der bedeutendsten Schlösser der Gegend. – Der **Himmelsfelsen** (609 m) ist das Wahrzeichen Eybachs. Im März 1934 wurde die 65 Meter hohe Steilwand erstmals von zwei Kletterern aus Stuttgart bezwungen. Ab dem 13. Jahrhundert stand auf dem Fels eine Burg der von 1265 bis 1281 genannten Ritter von Eybach. Sie waren vermutlich Dienstmannen der Helfensteiner. Ab 1291 gehörte die Burg verschiedenen Adeligen. 1456 wurden Burg und Dorf von Hans II. von Degenfeld gekauft, dessen Geschlecht die Burg dann jahrhundertelang gehörte. 1540 bis 1546 erbauten die Degenfelder ihr Schloss am Fuße des Felsens, das um 1770 einem Neubau weichen musste. Auf der Burg saßen dann Vögte der Degenfelder; der letzte Pächter wurde im 18. Jahrhundert genannt, danach verfiel die Anlage. Heute sind noch wenige Mauerteile zu sehen. – Der Weiler **Kuchalb** kam 1328 teilweise von den Grafen von Helfenstein an die Reichsstadt Ulm. Hier stand die Wirtschaft der um 1900 als Original bekannten Mutter Franzl (Franziska Wagenblast). Wanderer kamen wegen der Wirtschaft aus der weiteren Umgebung hierher.

serbehälter. Hier biegen wir nach links ab zur *Eybacher Hütte*. Vor ihr orientieren wir uns nach rechts in Richtung »Eybach«.

Kurz darauf, vor der Scheune und dem Feldkreuz, halten wir uns rechts. Nun spazieren wir immer geradeaus mit leichtem Auf und Ab bis kurz vor den Wald. Hier geht es etwas nach rechts versetzt in derselben Richtung weiter. Wir wandern jetzt durch den Wald hinab nach *Eybach*.

- **Länge:**
  Etwa 12 Kilometer.

- **Zeit:**
  Etwa 3 ½ Stunden.

- **Höhenunterschied:**
  Etwa 660 Meter.

- **Einkehrmöglichkeiten:**
  Eybach, eventuell Eybacher Hütte.

- **Sonstiges:**
  Die Wanderung verläuft auf Naturpfaden und festen Wegen.

- **Öffentliche Verkehrsmittel:**
  Bahn bis Geislingen an der Steige, Bus bis Eybach.

- **Empfohlene Karte:**
  Freizeitkarte 521, Göppingen, Landesvermessungsamt Baden-Württemberg.

Der Burren, ein wenig bekannter Aussichtsberg

Gingen – Burren – Spitzenberg – Kuchen – Gingen

Der Aussichtspunkt, zu dem uns diese Tour bringt, führt zu Unrecht ein bisschen ein Schattendasein: Der Burren oberhalb von Gingen an der Fils überrascht mit einem prächtigen 360-Grad-Rundumblick. Auch auf dem Weg dorthin haben wir immer wieder eine schöne Sicht in die Umgebung. Der Rückweg führt durch den Wald nach Kuchen und dann im Filstal zurück.

- **Ausgangspunkt:** Gingen an der Fils.

- **Wegverlauf:** Wir folgen in *Gingen* der nach Westen in Richtung »Grünenberg« abzweigenden Grünenberger Straße. An der Verzweigung am Ortsende weist schon das Wanderzeichen rotes Dreieck nach links in Richtung »Burren«; gleich darauf kommt auch ein Parkplatz. Wir folgen dem Wanderzeichen, anfangs entlang des Bachlaufs, dann im Prinzip immer geradeaus. Es geht hoch in den Wald, teils auch über Baumwiesen und am Waldrand entlang, was uns schöne Blicke ins Tal ermöglicht. Etwa eine halbe Stunde später verlassen wir den Wald, befinden uns kurz vor der Landstraße und biegen hier mit dem Zeichen rote Raute nach links ab (»Burren«). Es steigt im Wald weiter an, der Forstweg beschreibt einen scharfen Linksknick und kurz danach sind wir auf einer weiten Wiesenfläche. Vor uns sehen wir schon den Hügel des *Burren,* auf den wir nun den Pfadspuren folgend emporsteigen.

Danach gehen wir auf der anderen Seite wieder hinab und folgen dem Weg über die lang gestreckte Lichtung. Wo sie nach rechts abknickt, überqueren wir sie und steigen im Wald weiter aufwärts; »Oberböhringen« ist jetzt anschrieben. Nach kurzem Anstieg treffen

Vom Burren geht der Blick hinüber zum Hohenstein.

wir auf einen anderen Weg und wandern in unserer Gehrichtung weiter. Ab jetzt müssen wir großenteils auf Wanderzeichen verzichten, es geht aber im Prinzip immer am Steilabfall entlang. Wo nach rund einer halben Stunde der breitere Pfad nach rechts zieht, ignorieren wir den nach links abzweigenden schmäleren Pfad. Nach zwei Minuten kommen wir zu einem anderen Weg. Ihm folgen wir nach links in Richtung »Kuchen/Spitzenberg«.

Er geht gleich darauf in einen schmalen Pfad über, der uns hinab zu einem Forstweg führt. Wir biegen nach links ab, gleich darauf mündet von links ein weiterer Forstweg ein. Rechts sehen wir einen Hügel, auf dem früher die *Burg Spitzenberg* stand. Da von ihr jedoch außer dem Graben und spärlichen Mauerresten nichts mehr übrig ist, lohnt sich ein Abstecher kaum.

Gleich nach dem Burghügel müssen wir uns entscheiden. Der bequemere Weg nach Kuchen ist der

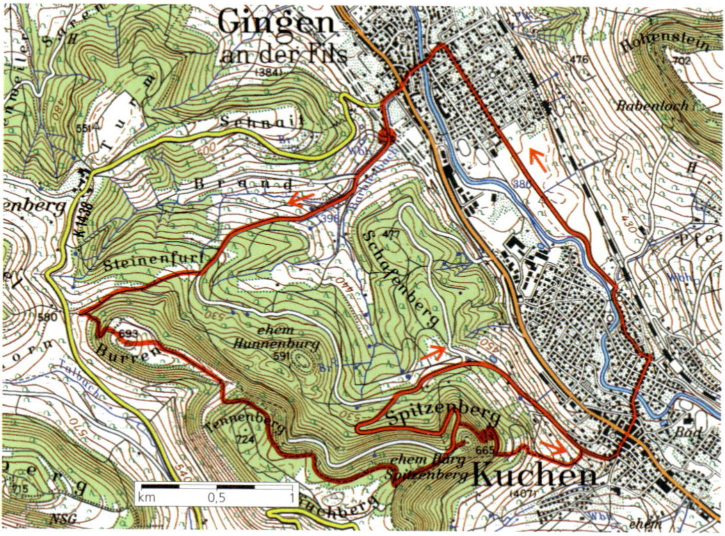

In der evangelischen Pfarrkirche in **Gingen** befindet sich die älteste erhaltene Bauinschrift in Baden-Württemberg, nach anderen Quellen sogar im deutschsprachigen Raum (984). Sie stammt von einem Vorgängerbau der heutigen Kirche. Die Darstellung eines Weltgerichts mit der Stifterfamilie ist von 1524.

geradeaus weiterführende Forstweg, der erst nach links zieht und uns dann nach einer Rechtskurve hinab nach Kuchen bringt. Der Wanderweg zweigt jedoch nach rechts ab und führt als schmaler Steig hinunter zu einem Forstweg. Wir halten uns rechts, zweigen aber nach zwei Minuten wieder auf einen Pfad nach links ab. Es geht weiter steil hinab, ohne Zeichen über eine Baumwiese, dann wieder durch ein Stück Wald, und endet danach in Baumwiesen. Nun wandern wir auf einem asphaltierten Sträßchen weiter abwärts.

Vor den ersten Häusern von *Kuchen* halten wir uns an der Querstraße rechts – hier kommen diejenigen Wanderer, die auf dem Forstweg weitergegangen sind, von links. Diese Querstraße zieht gleich darauf nach links und bringt uns ins Zentrum von Kuchen. Wir lassen den Marktplatz mit dem Rathaus, einer Skulptur und der Kirche links liegen, kommen zur B 10 und folgen dahinter der Bahnhofstraße.

Sie bringt uns zu einer Kreuzung, wo wir nach links in die

Der Schnapperbrunnen in Gingen an der Fils

Schallstraße einbiegen. Es geht nun erst durch eine Wohnstraße bis zum Friedhof, dahinter über Wiesen und Felder bis *Gingen*. Hier spazieren wir durch die Wilhelmstraße bis zu einer vorfahrtsberechtigten Querstraße, in die wir nach links einbiegen. Gleich darauf kommen wir zur B 10 und gehen dahinter durch die Grünenberger Straße zurück zum Ausgangspunkt.

- **Länge:**
  Etwa 12 Kilometer.

- **Zeit:**
  Etwa 3 ½ Stunden.

- **Höhenunterschied:**
  Etwa 440 Meter.

- **Einkehrmöglichkeiten:**
  Gingen, Kuchen.

- **Sonstiges:**
  Wir wandern auf Waldwegen und schmalen Pfaden, zurück auf einem asphaltierten Weg.

- **Empfohlene Karte:**
  Freizeitkarte 521, Göppingen, Landesvermessungsamt Baden-Württemberg.

Zu den Aussichtsplätzen auf dem Tegelberg

Geislingen – Tegelberg – Kuchalb – Maierhalde – Hohenstein – Kuchen – Geislingen

Diese Wanderung beginnt in dem sehenswerten alten Städtchen Geislingen an der Steige. Die Tour führt uns auf die Höhe des Tegelbergs, eines lang gestreckten Bergplateaus über dem Filstal. Der Tegelberg beeindruckt durch fantastische Aussichten auf Geislingen und ins Filstal sowie an der Maierhalde zu den Kaiserbergen. Im Anschluss an die Tour lockt Geislingen zu einer Besichtigung.

- **Ausgangspunkt:**
  Geislingen an der Steige.

- **Wegverlauf:**
  Wir durchfahren Geislingen in Richtung »Heidenheim«, bis nach links die Schützenstraße zum Campingplatz abgeht. In dieser Straße finden wir auch Parkmöglichkeiten. Gleich nach der *Eisenbahnbrücke* halten wir uns mit der roten Raute links in Richtung »Kuchalb«. Erst geht es etwas aufwärts bis zu einer Kreuzung, an der wir uns erst links, dann gleich wieder rechts orientieren, nun ohne Wanderzeichen.

Blühender Apfelbaum

Blick vom Tegelberg auf Gingen und das Filstal

Wir wandern jetzt kurz über dem Längental am Waldrand entlang, bis es geradeaus wieder hinabgehen würde. Hier biegen wir in den linken der beiden nach links abgehenden Forstwege ab (der rechte ist auf der amtlichen Karte nicht verzeichnet). Er zieht gemächlich aufwärts, an einer Verzweigung nehmen wir den rechten, weiter hinaufführenden Weg. Wo der Forstweg eine scharfe Rechtskurve beschreibt, verlassen wir ihn und gehen auf den Stufen links von ihm, nun wieder mit der roten Raute, weiter aufwärts. In Serpen-

Geislingen wurde von den Grafen von Helfenstein gegründet, die ungefähr um das Jahr 1100 auf der Höhe ihre Burg erbaut hatten. Als Stadt wurde »Giselingen« erstmals um 1250 erwähnt. Man findet noch einige sehenswerte Bauten, zum Teil mit schönem alemannischem Fachwerk, so der Alte Zoll (15. Jahrhundert) oder das Alte Rathaus, erbaut 1422 als Kauf- und Rathaus von der Reichsstadt Ulm, und das Haus, in dem Christian Friedrich Daniel Schubart von 1763 bis 1769 als Lehrer wirkte. Auch das helfensteinische Stadtschloss aus dem 14. Jahrhundert ist sehenswert. In der Fußgängerzone finden wir Straßencafés und auch alte, prächtige Bürgerhäuser. Das Rathaus wurde Anfang des vorigen Jahrhunderts im Übergang vom Jugendstil zur Neuen Sachlichkeit erbaut. Beachten sollte man auch die Apotheke mit den vielen Glocken am Dachtürmchen, die Kirche (15. Jh.) mit dem Denkmal von Kaiser Wilhelm I. und dem Pfarrhaus davor – ein altes Klösterchen – und den Alten Bau mit dem Heimatmuseum. – Die einstige **Burg Hohenstein** war als Reichslehen im 16. Jahrhundert im Besitz verschiedener Familien aus Ulm, teilweise auch der Stadt selbst. Von den Wall- und Grabenanlagen ist nicht mehr viel zu erkennen. – **Kuchalb** s. S. 65.

tinen steigen wir hinauf auf die Hochfläche des *Tegelbergs,* wo wir einen Aussichtspavillon finden.

Nun spazieren wir immer am Trauf entlang nach Norden, vorbei am *Berghof* und dem *Aussichtspunkt Kuhfelsen* (679 m). Danach knickt der Weg nach rechts ab und zieht anschließend nach links. Nun befindet sich rechts des Traufes auch wieder eine Freifläche. Wo nach links ein Weg schräg abwärts führt, gehen wir nach rechts zu dem Asphaltsträßchen, das uns nach links zu dem Weiler *Kuchalb* bringt.

Wir durchqueren den Weiler geradeaus und wandern nach dem letzten Anwesen etwas abwärts, bis nach links der mit dem roten Dreieck markierte Weg zur »Maierhalde« abgeht. Gleich darauf stehen wir auch schon an dem mit einem Holzkreuz markierten Aussichtspunkt *Maierhalde*, der uns prächtige Blicke auf die Kaiserberge bietet. Die Burganlage direkt vor uns ist die Ruine Scharfenberg.

Wir folgen dem Zeichen weiter nach Westen bis zum 702 Meter hohen Aussichtsfelsen *Hohenstein*, der direkt über Gingen liegt. Etwas links des Felsens führt der Wanderweg als Steig steil hinab. An der Verzweigung halten wir uns mit der roten Raute links in Richtung »Kuchen«. Es geht nun immer geradeaus abwärts, schließlich knickt der

Herrliche Fachwerkarchitektur in Geislingen an der Steige

Weg nach rechts ab und bringt uns aus dem Wald; nun gehen wir über die Baumwiesen nach *Kuchen*.

Wir unterqueren die Bahnlinie und orientieren uns danach links vom Friedhof in der Schallstraße nach links. Nun können wir uns auch an die Radwegbeschilderung nach »Geislingen« halten.

Etwas später folgen wir bei der Turnhalle der Christofstraße, danach zieht der Radweg nach links hinauf. Wir spazieren nun eine Weile zwischen Bahnlinie und Fils, bis wir wieder in ein Wohngebiet kommen. Wo nach rechts eine Brücke über die Fils führt, biegen wir nach links in die Gutenbergstraße ein (rote Raute).

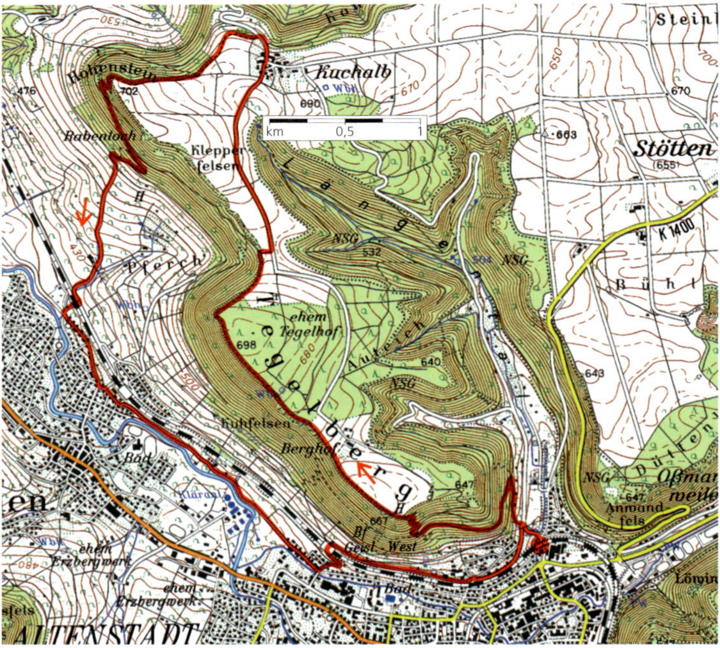

Sie bringt uns zum *Haltepunkt Geislingen-West.*

Nach der Unterquerung der Bahnlinie halten wir uns rechts. Hinter der Schule nehmen wir nicht den direkt neben der Bahnlinie verlaufenden Weg (Sackgasse), sondern den etwas nach links hinaufziehenden. Er bringt uns schließlich aus dem Wohngebiet hinaus und zurück zu dem Weg vor dem Längental, an dem wir zu Beginn der Tour den markierten Wanderweg verlassen haben. In wenigen Minuten sind wir zurück in der Schützenstraße.

- **Länge:**
  Etwa 13 Kilometer.

- **Zeit:**
  Etwa 4 Stunden.

- **Höhenunterschied:**
  Etwa 260 Meter.

- **Einkehrmöglichkeit:**
  Geislingen, Kuchen, Kuchalb.

- **Sonstiges:**
  Die Wanderung verläuft anfangs auf Naturpfaden, der Rückweg ab Kuchen auf festen Wegen.

- **Empfohlene Karte:**
  Freizeitkarte 521, Göppingen, Landesvermessungsamt Baden-Württemberg.

Über die Heide zum Wasserberghaus

Schlat – Grünenberg – Haarberg – Wasserberghaus – Schlat

Bei dieser Wanderung geht es munter auf und ab, denn es erwarten uns einige Höhenunterschiede. Deshalb ist die Tour auch nicht allzu lang. Aber dafür bietet sie uns immer wieder schöne Aussichten; außerdem kommen wir zu zwei malerischen Wacholderheiden.

- **Ausgangspunkt:**
  Schlat.

- **Wegverlauf:**
  In *Schlat* finden wir bei der *Kirche* einen kleinen Parkplatz. Ab

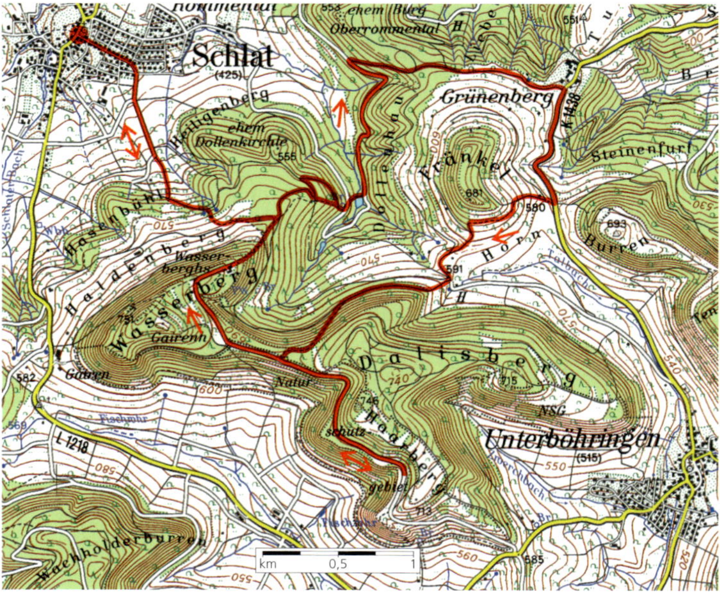

Vom Wasserberg bietet sich ein prächtiger Blick ins Filstal.

hier wandern wir auf der Turnhallenstraße. Wo nach links die Bühlstraße abzweigt, biegen wir mit dem Wanderzeichen blaues Dreieck nach rechts ab. Kurz darauf verlassen wir das Wohngebiet und wandern geradeaus, später ansteigend, bis zu einem querenden Weg, wo es nicht mehr weitergeht. Hier halten wir uns links und kommen in den Wald. Nun müssen wir uns vorerst mangels Zeichen etwas auf unsere pfadfinderische Spürnase verlassen.

Der Weg zieht nach ein paar Minuten nach rechts hoch. Wir verlassen den Wald und gehen zu einer Hecke mit großen Bäumen. Hier biegen wir nach links ab und wandern nun wieder mit dem Zeichen weiter. Kurz darauf sind wir wieder am Waldrand. Schließlich verzweigt sich der Weg; nach rechts ginge es steil hoch zum »Wasserberghaus«, wir aber halten uns links in Richtung »Eislingen«. Diesen Punkt sollten wir uns merken, denn wir kommen am Schluss wieder hier vorbei.

Am ersten Querweg führt der markierte Weg nach links weiter und beschreibt dann eine Rechtskurve, nach welcher der Wanderweg nach links abzweigt. Man kann aber auch am Querweg auf dem Pfad geradeaus weitergehen; er knickt dann nach rechts ab und bringt uns zum nächsten Querweg. Hierher kommt man auch, wenn man auf dem Forstweg weitergegangen ist. Wir überschreiten diesen Querweg; nun geht es auf einem Pfad teilweise steil hinab bis zu einem Forstweg über einem *Waldweiher*. Etwas nach links versetzt am Brunnen können wir zum Weiher hinabgehen. Nach ihm nehmen wir den nach links führenden breiten Forstweg.

Kurz nach dem zweiten scharfen Einschnitt biegen wir mit dem Wanderzeichen rote Raute nach rechts in Richtung »Süßen« ab. Es geht wieder etwas hoch, wir verlassen den Wald und spazieren über die Baumwiesen nach *Grünenberg*. Auf der Straße halten wir uns rechts in Richtung »Wasserberg«.

Etwas später liegt rechts ein *Parkplatz*, nach dem wir mit dem roten Dreieck nach rechts abbie-

Idyllischer Pfad durch die Wacholderheide

Das **Wasserberghaus** (700 m) am östlichen Ende des Wasserbergs wurde 1926 erbaut und 1966 erweitert. Man hat eine schöne Aussicht ins Filstal, ins Albvorland, zu einem Teil des Albtraufs und nach Schlat.

gen. Am Waldrand an der Bank halten wir uns links und spazieren am Waldrand entlang über eine Heide. Danach knickt an einer Waldecke der markierte Weg im rechten Winkel nach links ab. Es geht entlang einer als Naturschutzgebiet ausgewiesenen Heide etwas hinab, dann über die Wiesen zum gegenüberliegenden Waldrand. Dort treffen wir an einer Asphaltstraße auf einen Vesperplatz mit Tisch und Bänken. Links daran vorbeigehend kommen wir mit dem Zeichen in den Wald. Kurz darauf zweigt der markierte Weg nach links ab und bringt uns hoch auf den Bergrücken. Hier treffen wir auf einen breiten Wanderweg.

Nun machen wir nach links einen Abstecher zu der schönen Heide auf dem *Haarberg*. Auch die Lehrpfadschilder, die man unterwegs sieht, sind recht interessant. Hier haben wir überdies schöne Ausblicke ins Filstal. Danach kehren wir wieder zurück und marschieren bis zum Wald. Hier zweigt der markierte Weg vom Fahrweg nach rechts ab und bringt uns zum

Durch die Wacholderheide auf dem Wasserberg führt ein Lehrpfad.

Wasserberghaus des Schwäbischen Albvereins.

Nach einer wohlverdienten Einkehr wandern wir am Wasserberghaus in derselben Richtung weiter. Bald geht es im Zickzack steil hinab bis zu der Verzweigung, die wir noch vom Anfang her kennen. Hier halten wir uns links und gehen auf bekanntem Weg zurück nach *Schlat*.

- **Länge:**
  Etwa 14 ½ Kilometer.

- **Zeit:**
  Etwa 4 Stunden.

- **Höhenunterschied:**
  Etwa 500 Meter.

- **Einkehrmöglichkeit:**
  Schlat, Wasserberghaus.

- **Sonstiges:**
  Die Wanderung verläuft auf Naturpfaden und festen Wegen. Da die Wanderzeichen nicht überall angebracht sind, sollte man gut auf die Karte achten.

- **Empfohlene Karte:**
  Freizeitkarte 521, Göppingen, Landesvermessungsamt Baden-Württemberg.

Aussicht vom Hausener Felsen

Bushaltestelle Michelsberg – Hausener Felsen – Bushaltestelle Michelsberg

Den Michelsberg, einen Tafelberg, umrunden wir bei dieser Wanderung. Er bietet uns immer wieder herrliche Ausblicke hinab ins Filstal. Dabei kommen wir auch an den markanten Hausener Felsen vorbei, die schon bei der Anfahrt durch das Filstal auffallen.

- **Ausgangspunkt:**

Bad Überkingen-Oberböhringen, Bushaltestelle Michelsberg.

- **Wegverlauf:**

Diese Wanderung auf dem Hochplateau des Michelsberges ist recht kurz. Wer lieber etwas länger unterwegs ist und dafür auch einen Anstieg in Kauf nimmt, folgt in Hausen nördlich der Kirche, kurz vor dem Friedhof, dem nach rechts weisenden Wanderzeichen rote Raute in Richtung »Michelsberg/Oberböhrin-

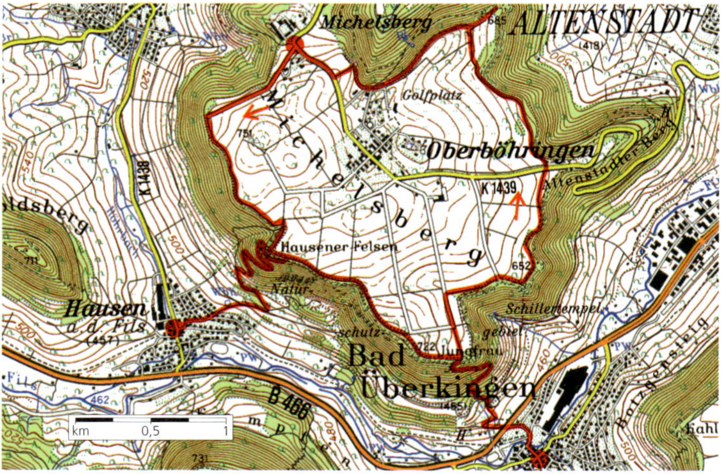

Die Hausener Felsen sind durch einen Bergrutsch entstanden.

gen«. Es führt uns im Zickzack steil hoch zum Hausener Fels. Die Strecke verlängert sich hierbei um insgesamt etwa vier Kilometer, zusätzlich sind etwa 220 Höhenmeter zu bewältigen. Das macht hin und zurück etwa zwei Stunden mehr aus. Auch von Bad Überkingen aus kann man zum Michelsberg hochwandern; die Erweiterung ist etwa gleich lang.

Ansonsten fahren wir über Unterböhringen nach *Oberböhringen* und parken bei den ersten Häusern (Freizeitbegegnungsstätte) an der *Bushaltestelle Michelsberg.* Ab hier folgen wir die ganze Zeit dem Wanderzeichen rote Raute. Im Prinzip wandern wir immer am Trauf entlang und haben so immer wieder schöne Ausblicke.

Wir nehmen den Weg, der zwischen der Freizeitbegegnungsstätte und den nächsten Häusern über die Freifläche nach rechts zieht. Es geht am Trauf entlang, dann knickt der Weg nach links ab. Vorbei an Aussichtspunkten erreichen wir die *Hausener Felsen.* Hier treffen auch diejenigen ein, die in Hausen gestartet sind. Man genießt einen Blick das Filstal entlang nach Westen.

Nun wandern wir in munterem Auf und Ab weiter. Es geht erst nach Südosten, vorbei an weiteren Aussichtspunkten. Wir sehen hinab ins Filstal, nach Bad Überkingen und auf die gegenüberliegenden Albberge. Schließlich trifft man auf den von rechts von Bad Überkingen hochkommenden Weg. Hier biegen wir nach links ab. Kurz darauf an der Waldecke rechts orientieren wir uns rechts in Richtung »Geislingen«.

Es geht erst nach Osten, dann nach Westen. Ab nun sehen wir von den Aussichtspunkten hinab nach Geislingen. Nach einiger Zeit überqueren wir die Straße, danach geht es weiter in Richtung »Ramsfels«. Wir spazieren entlang des *Golfplatzes* und nach dessen Ende geradeaus weiter am Waldrand entlang. Schließlich können wir nach rechts hinaus zum *Ramsfels* gehen, der hoch über Kuchen liegt.

Nun halten wir uns links; Wanderzeichen fehlen hier teilweise.

Blick vom Hausener Fels nach Hausen

Am Trauf entlanggehend treffen wir nach einiger Zeit wieder auf den *Golfplatz* und sehen hier auch weitere Zeichen. Wir spazieren etwas später auf dem Zufahrtssträßchen des Golfplatzes hinab zu großen Holzhäusern. An dieser Stelle biegen wir, uns immer noch am Trauf orientierend, nach rechts ab. Nach der eingezäunten Fläche halten wir uns links zur Straße, die uns nach rechts in wenigen Minuten zurück zum *Ausgangspunkt* bringt.

- **Länge:**
  Etwa 7 Kilometer (ohne Erweiterungen).

- **Zeit:**
  Etwa 2 Stunden.

- **Höhenunterschied:**
  Etwa 350 Meter.

- **Einkehrmöglichkeit:**
  Oberböhringen.

- **Sonstiges:**
  Die Wanderung verläuft vorwiegend auf Naturpfaden, aber auch auf Feldwegen. An den Steilabbrüchen ist Vorsicht angebracht, vor allem mit Kindern.

- **Öffentliche Verkehrsmittel:**
  Busverbindung.

- **Empfohlene Karte:**
  Freizeitkarte 521, Göppingen, Landesvermessungsamt Baden-Württemberg.

Aussichtstour über dem Filstal

Türkheim – Kahlenstein – Schildwacht – Geiselstein – Wittlingen – Türkheim

Diese Tour führt an zahlreichen Felsen vorbei, die uns Blicke ins Tal ermöglichen. Da wir bereits auf der Hochfläche starten, halten sich auch die Höhenunterschiede in Grenzen.

Auf der Schildwacht steht das riesige Ostlandkreuz.

Ausgangspunkt:
Geislingen an der Steige-Türkheim.

Wegverlauf:
Wir parken in *Türkheim* hinter der Kirche mit dem Zwiebelturm und wandern mit dem Zeichen rote Gabel nach rechts in Richtung »Kahlenstein/Schildwacht«. Kurz danach kommen wir schon zum ersten Aussichtspunkt, dem *Burgstall* (670 m). Immer am Trauf entlang erreichen wir den *Kahlenstein* (675 m), wo man (vorsichtig) den Aussichtsfels besteigen kann.

Nun knickt der Weg nach rechts ab. Vorbei am *Aussichtspunkt Eichhölzle* (660 m) wandern wir zur Straße, etwas weiter links geht es auf dem abzweigenden Sträßchen weiter in Richtung »Schildwacht«. Es folgt ein weiterer Aussichtspunkt, dann der letzte Parkplatz.

In wenigen Minuten haben wir das riesige *Ostlandkreuz* erreicht. Vor dem Kreuz biegen wir, nun mit der roten Gabel, nach rechts ab in Richtung »*Geiselstein*«. Immer am Trauf entlang erreichen wir diesen letzten Aussichtsfels der Tour, danach folgen wir den Zeichen in Richtung »Wittlinger Steige« nach rechts weiter.

Am *Tiroler Fels* (636 m) haben wir einen schönen Blick auf die mächtigen Felsen des Geiselsteins. Kurz vor der Straße wechselt unser Zeichen in das gelbe Dreieck. An der Straße biegen wir an dem doppel-

1108 wurde **Türkheim** zum ersten Mal erwähnt. Es befand sich zuerst im Besitz der Helfensteiner und kam 1396 an die Reichsstadt Ulm – zusammen mit den übrigen Besitzungen dieses Adelsgeschlechts. Baumeister Johann Michael Keller aus Schwäbisch Gmünd leitete 1770 den Bau der evangelischen Kirche mit ihrem Zwiebelturm. Die Kanzel ist im Rokokostil gestaltet. Die Burg hinter der Kirche am Trauf, heute Burgstall genannt, wurde wohl um 1100 erbaut, ein Konrad von Türkheim wurde 1107 erwähnt. Sie soll um 1200 aufgegeben worden sein. Heute ist auf der fast quadratischen Fläche nichts mehr erhalten. – Unterhalb des Kahlensteins befinden sich das 17 Meter lange **Kahlenloch** und die 66 Meter lange **Kahlensteinhöhle,** die um 1900 als Schauhöhle diente. Sie ist heute allerdings versperrt. – Eine für die Alb typische Wacholderheide entdecken wir im **Naturschutzgebiet Schildwacht**. Einst weideten Ziegen und Schafe auf den Magerwiesen. Noch heute findet man seltene Enziane, Orchideen und Schmetterlinge auf den früheren Holzwiesen und in den einstigen Hutewäldern. Beinahe 23 Meter hoch ist das **Ostlandkreuz**. Es erinnert an die Opfer der Vertreibung in Südmähren nach 1945.

armigen Kreuz links ab nach *Wittlingen.*

Am Ortsanfang halten wir uns rechts in Richtung »Türkheim«. Wir spazieren über Felder zum Wald. Hier fällt es stark ab in ein als Naturschutzgebiet ausgewiesenes *Trockental,* in dem wir uns rechts orientieren. Etwas später kommen wir an einem *Fachwerkhäuschen* vorbei, biegen kurz darauf nach rechts und am nächsten Weg noch einmal nach rechts ab. Nun führt uns wieder die gelbe Gabel. Gleich darauf müssen wir nach »Türkheim« nach links aufwärts gehen.

Wir treffen auf einen Forstweg, dem wir nach links folgen. An der Verzweigung kurz darauf halten wir uns rechts und kommen aus dem Wald. Über die Felder marschieren wir nach *Türkheim.* Zum Ausgangspunkt halten wir uns an der Durchgangsstraße links.

- **Länge:**
  Etwa 13½ Kilometer.

- **Zeit:**
  Etwa 4 Stunden.

- **Höhenunterschied:**
  Etwa 370 Meter.

Kirche in Türkheim

- **Grillmöglichkeit:**
  Schildwacht.

- **Einkehrmöglichkeiten:**
  Türkheim, Hütte am Geiselstein (falls geöffnet).

- **Sonstiges:**
  Die Wanderung verläuft auf Naturpfaden und festen Wegen. An den Steilabbrüchen ist Vorsicht angebracht, vor allem mit Kindern.

- **Empfohlene Karte:**
  Freizeitkarte 521, Göppingen, Landesvermessungsamt Baden-Württemberg.

Ruine Helfenstein und Ödenturm

Parkplatz Helfenstein – Ruine Helfenstein – Weiler – Ödenturm – Mühlafels – Ziegelhütte – Parkplatz Helfenstein

Bei dieser Wanderung besuchen wir die Ruine Helfenstein und den Ödenturm, die sich hoch über Geislingen an der Steige befinden. Beides sind interessante Bauwerke; bei beiden und auf dem Weiterweg haben wir immer wieder eine schöne Aussicht auf Geislingen und die Täler. Zurück wandern wir durch den Wald.

- **Ausgangspunkt:**

Parkplatz westlich von Geislingen an der Steige-Weiler ob Helfenstein.

- **Wegverlauf:**

Vom Parkplatz am Ortsanfang von *Weiler* aus gehen wir in wenigen Minuten zur *Burgruine Helfenstein.* Auf der dem bereits sichtbaren Ödenturm zugewandten Seite geht ein mit roter Gabel markierter Pfad in Richtung »Ödenturm« ab. Er bringt uns nach *Weiler*. Im Ort orientieren wir uns an dem querenden Weg links. Gleich danach an der Verzweigung halten wir uns mit der gelben Gabel rechts, dann noch einmal. Es geht in Serpentinen hinab in den Wald, dann wieder hoch zum *Ödenturm*.

Vor dem Turm führt der nun mit dem gelben Dreieck markierte Weg nach links weiter. Wir gehen nun meist am Trauf entlang in Richtung »Amstetten«, müssen aber immer gut auf die Zeichen achten. Wir wandern erst eine Zeit lang auf einem breiten Forstweg, von dem wir etwas später nach rechts abzweigen. Nach einiger Zeit nehmen wir den nach rechts abgehenden schmalen Pfad, der an einem Sendemast wieder in einen breiten Forstweg einmündet. Nach etwa einer Viertelstunde kommen wir an einem Strommast vorbei. Etwas später zieht der Weg nach links und bringt uns zu einer Schneise mit Elektroleitungen.

Alte Mauern der Ruine Helfenstein

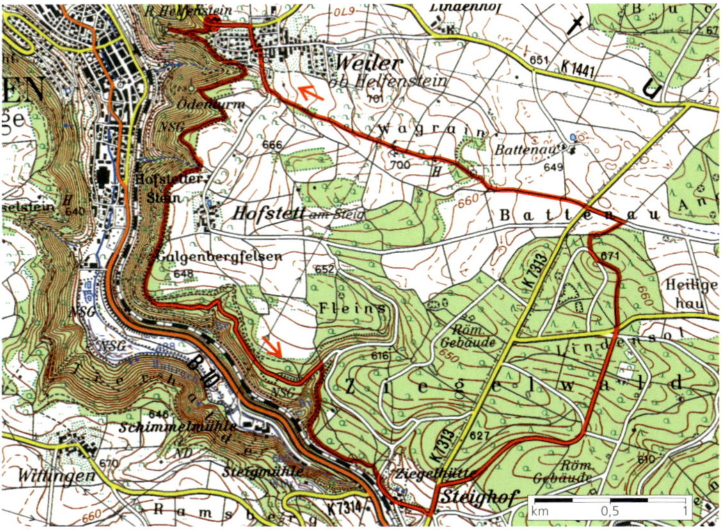

Hier nehmen wir den nach rechts wegziehenden Pfad. Vor den Hütten, die vor uns auf einer Lichtung zu sehen sind, nehmen wir den nach rechts abzweigenden Weg. Er bringt uns wieder zum Trauf und zum *Mühlafels,* der uns eine gute Aussicht bietet. Weitermarschierend kommen wir zu einem Forstweg, wo wir unsere Richtung beibehalten. Nach der Linkskurve gehen wir auf dem nach rechts abzweigenden hohlwegartigen Naturweg weiter. Kurz danach mündet er in einen Asphaltweg, in den wir nach rechts abbiegen. An der Bahnlinie gehen wir nach links zu den Gebäuden der *Ziegelhütte*.

An der Verzweigung in der Ansiedlung halten wir uns links und kommen zur Straße, auf der wir etwas nach links bis zum Waldrand wandern, wo wir nach rechts abbiegen. Hier befindet sich ein kleiner Parkplatz. Wer die Ruine und den Ödenturm, vielleicht wegen seiner Kinder, gerne in der Mitte der Tour haben möchte, kann die Wanderung auch hier beginnen.

Der Ödenturm oberhalb der Geislinger Steige

Die **Ruine Helfenstein** ist eine der größten Burganlagen des Landes. Sie wurde um 1100 erbaut und war Sitz der bedeutenden Grafen von Helfenstein. 1396 wurde sie mit der Stadt Geislingen und anderen Besitztümern an die Reichsstadt Ulm verkauft und 1552 abgebrochen. – Der **Ödenturm** (öd = einsam) wurde 1420 zum Schutz der Burg Helfenstein erbaut, ab 1553 diente er als Feuerwacht für Geislingen.

Der Weg bringt uns zu einer Verzweigung (Waldabteilungsschild »1 1/8 Lindensohl«). Hier nehmen wir den rechten Weg, der schnurgerade weiterführt und uns zu einer Straße bringt. Auf der anderen Seite marschieren wir geradeaus weiter. Bald hat man den Eindruck, als wäre der Weg äußerst selten begangen. Immer ziemlich geradeaus weitergehend verlassen wir nach etwa 600 Metern den Wald wieder, gehen am Waldrand nach rechts und auf dem Asphaltweg nach links zur Straße.

Auf dem dahinter weiterführenden Weg wandern wir, bis nach rechts ein Weg hoch auf den kleinen Hügel führt. Wir spazieren durch das Landschaftsschutzgebiet, hinter dem wir zu einer kleinen *Schutzhütte* und einem Grillplatz gelangen. Nach den Überlandleitungen gehen wir an der Verzweigung geradeaus weiter, parallel zum links unten verlaufenden Weg, und kommen zu den ersten Häusern von *Weiler*. Hier nehmen wir etwas nach links versetzt die Straße, die uns nach rechts zur Kirche führt. An der Linkskurve wandern wir direkt an der Friedhofsmauer geradeaus weiter, nach rechts zum Kircheneingang, hier nach links und an der nächsten Straße noch einmal nach links. Am Parkplatz gleich darauf orientieren wir uns rechts bis zur Landstraße und gehen neben ihr nach links zurück zum *Ausgangspunkt*.

- **Länge:**
  Etwa 10 ½ Kilometer.

- **Zeit:**
  Etwa 3 Stunden.

- **Höhenunterschied:**
  Etwa 250 Meter.

- **Grillmöglichkeiten:**
  Ruine Helfenstein, nach dem Landschaftsschutzgebiet vor Weiler.

- **Einkehrmöglichkeit:**
  Burgschenke.

- **Sonstiges:**
  Die Wanderung verläuft auf Naturpfaden und festen Wegen.

- **Empfohlene Karte:**
  Freizeitkarte 521, Göppingen, Landesvermessungsamt Baden-Württemberg.

Über karge Wacholderheiden

Merklingen – Langes Tal – Machtolsheim – Merklingen

Diese Wanderung führt uns über die karge Hochfläche der Schwäbischen Alb zwischen Laichingen und Merklingen. Unterwegs kommen wir durch ein typisches Trockental und sehen einige schöne, felsdurchsetzte Wacholderheiden.

- **Ausgangspunkt:**
  Merklingen.

- **Wegverlauf:**
  Parkmöglichkeiten finden wir bei der mit einem Zwiebelturm geschmückten Kirche in *Merklingen*. Südlich der Kirche nehmen wir die Friedhofsstraße, auf der wir mit dem Wanderzeichen gelbe Raute den Ort verlassen. Wir kommen hinab zum *Schotterwerk,* unser Weg führt zwischen ihm und der Kläranlage weiter. Wir spazieren nun einige Zeit durch das Trockental; es ist von einer verbuschenden Heide gesäumt, in

Unterwegs mit dem Wanderzeichen gelbe Raute

Der Kirchturm in Merklingen gehört zu den höchsten der Schwäbischen Alb.

Der Zwiebelturm der Kirche in **Merklingen** ist mit 61 Metern einer der höchsten der Schwäbischen Alb. 1491 wurde der spätgotische Chor geschaffen, 1521 der Hochaltar im Stil der so genannten Ulmer Schule.

Auch inmitten der kargen Wacholderheide kann man besonders im Frühjahr eine herrliche Blütenwelt finden.

die auf der linken Seite auch noch Wochenendhäuser gebaut wurden.

Nach etwa einer halben Stunde zweigt nach rechts ein mit gelbem Dreieck in Richtung »Langes Tal« markierter Naturweg ab. Es geht erst hoch, dann relativ eben durch Wald und am Waldrand entlang zu einem Parkplatz. Nach diesem überqueren wir einen Weg, an der Verzweigung danach halten wir uns links, nach der Kurve zweigt

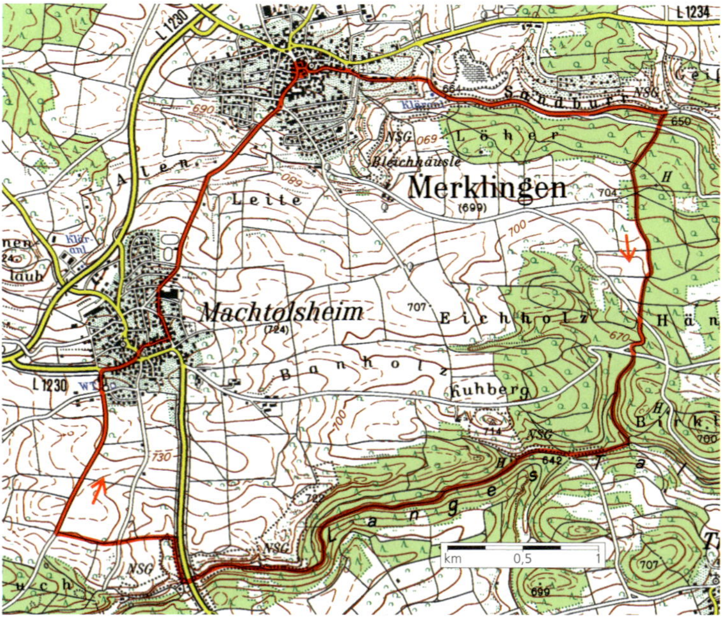

unser Wanderweg nach links vom Forstweg auf einen Naturweg ab. Am gleich darauf folgenden Querweg behalten wir unsere Richtung bei und spazieren hinab ins *Lange Tal.* Hier orientieren wir uns nach rechts, mit dem gelben Dreieck in Richtung »Laichingen«.

An der Verzweigung an der Hütte halten wir uns links. Auch jetzt spazieren wir durch ein Trockental, das bald von einer von Felsen durchsetzten Heide gesäumt wird. Vor der Straße gehen wir nach links und unterqueren sie durch die Röhre, danach biegen wir gleich nach rechts ab. Es geht etwas aufwärts, dann biegen wir am nächsten Weg nach links ab. Am zweiten querenden Weg halten wir uns rechts und marschieren auf den Wasserturm von *Machtolsheim* zu. Hier hat man eine weite Sicht über die Albhochfläche.

Nach dem Wasserturm orientieren wir uns an der Landstraße nach rechts und spazieren bis zum Kriegerdenkmal vor dem Rathaus. Hier biegen wir erst nach links ab, zweigen aber gleich darauf nach rechts in die Maiergasse ab. Ihr folgen wir, bis es nicht mehr weitergeht, dann halten wir uns links. An der nächsten Kreuzung gehen wir in der Steiglestraße in Richtung Sportplatz weiter. Bald verlassen wir den Ort und kommen hinab zur Landstraße. Neben ihr marschieren

Trockental mit einer schönen Wacholderheide

wir zurück zum bereits sichtbaren *Merklingen.*

- **Länge:**
  Etwa 11 Kilometer.

- **Zeit:**
  Etwa 3 Stunden.

- **Höhenunterschied:**
  Etwa 250 Meter.

- **Einkehrmöglichkeiten:**
  Merklingen, Machtolsheim.

- **Sonstiges:**
  Einfache Streckenwanderung auf Natur- und festen Wegen, für Kinder aber vielleicht nicht abwechslungsreich genug.

- **Öffentliche Verkehrsmittel:**
  Bahn, zum Beispiel nach Ulm, dann Busverbindungen.

- **Empfohlene Karten:**
  Freizeitkarten 524, Bad Urach, und 525, Ulm, Landesvermessungsamt Baden-Württemberg.

Höhlentour auf der Laichinger Alb

Laichinger Tiefenhöhle – Sontheim – Sontheimer Höhle – Suppingen – Laichinger Tiefenhöhle

Wir haben bei dieser Wanderung Gelegenheit, zwei der sehenswertesten Höhlen der Schwäbischen Alb zu besuchen: die Laichinger Tiefenhöhle und die Sontheimer Höhle. Dazwischen wandern wir durch eine Landschaft mit Waldstücken, Feldern, Wiesen und Wacholderheiden. Interessante geologische Formen sind auch die Trockentäler, die wir auf dieser Tour queren.

- **Ausgangspunkt:**
  Laichinger Tiefenhöhle.

- **Wegverlauf:**
  Wir nehmen den vom *Parkplatz* nach Westen in den Wald führenden Weg, wo uns das Zeichen roter Strich nach »Sontheim« weist. Es geht ein paar Minuten durch den Wald, dann biegen wir am Waldrand nach links auf den Schotterweg ab. Er zieht vor der Straße nach links, gleich darauf müssen wir auf einen Pfad nach rechts abzweigen. Wir kommen hinab zur Straße und nehmen den etwas nach links versetzt auf der anderen Seite weiterführenden Weg. Er läuft erst kurz parallel zur Straße und knickt dann nach rechts auf den Wald zu ab.

Wir wandern im Wald kurz bergauf, dann biegen wir am ersten Querweg nach rechts ab. Am Waldrand orientieren wir uns links, gehen durch den Wald, dann über die Felder bis kurz vor die B 28, wo wir uns links zu den Häusern halten. Wir gehen am Restaurant vorbei und biegen dahinter nach rechts ab. Es geht kurz hoch, dann hinab zu einer *Wochenendhaussiedlung*. Hier werden wir nach links verwiesen, dann gleich wieder nach rechts; nun gilt für uns nur das Zeichen gelbes Dreieck. Wir wandern erst etwas abwärts, dann hinauf zum Ortsanfang von *Sontheim* und spazieren zwischen den Häusern bis zu einer vorfahrtsberechtigten Straße, der wir nach links in Richtung »Sontheimer Höhle« folgen.

Die Straße beschreibt in einer leicht gewellten Landschaft mit Feldern, Wiesen und etwas Wacholderheide einen weiten Rechtsbogen, fällt erst und steigt dann wieder an. Kurz nach der Linkskurve biegen wir scharf nach rechts ab. Es geht kurz hinab, dann halten wir uns an der Verzweigung links und kommen zur *Kläranlage,* hinter der wir mit dem Zeichen gelbe Gabel nach links abbiegen. Nun spazieren wir durch das *Tiefental,* das anfangs mit seinen Wiesen, Felsen und Wacholdern einen recht heiteren Eindruck erweckt, später dann in ernster wirkendem Wald weiterführt. Knapp eine Viertelstunde später werden wir zur »Sontheimer Höhle« nach links verwiesen. Wir steigen ein paar Minuten an bis zu einem asphaltierten Weg, der uns nach rechts zur *Sontheimer Höhle* bringt.

Anschließend folgen wir diesem Weg weiter. Es geht vorerst ohne Zeichen an der erst 1987 entdeckten *Hinteren Kohlhaldehöhle* vorbei; später ist der Weg mit der gelben Gabel markiert. Wir folgen immer dem Zeichen, teilweise etwas ansteigend, meist aber relativ eben durch einen lichten Wald. Schließlich durchqueren wir eine große

Nach Heroldstatt wandert man durch das Tiefental.

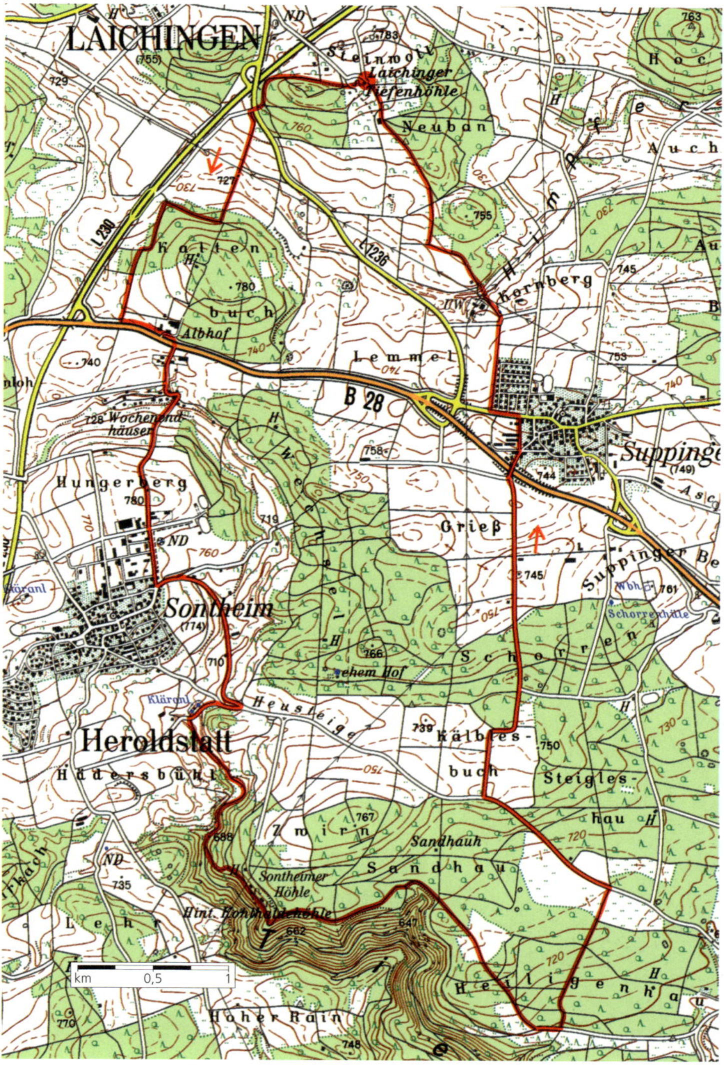

Lichtung, kommen wieder in den Wald und verlassen ihn kurz danach wieder. Hier mündet von rechts ein anderer Weg in unseren. Nach etwa 200 Metern biegen wir nach links auf einen geschotterten Waldweg ab. Wir marschieren nun im Wesentlichen nach Norden durch den Wald

Lamm

Die 1250 Meter lange **Laichinger Tiefenhöhle** besitzt schöne Tropfsteine und ist die einzige ausgebaute Schachthöhle Deutschlands. Man gelangt bis in 55 Meter Tiefe. Die Höhle ist zwischen Karfreitag und Ende Oktober geöffnet. – Die über 220 Meter lange **Sontheimer Höhle** ist eine herrliche Tropfstein-Hallenhöhle und besitzt drei große Hallen. Sie war die erste Schauhöhle Deutschlands und kann zwischen Mai und Oktober besichtigt werden

und kommen nach diesem zu einer großen Lichtung. Auf ihrer anderen Seite treffen wir auf ein Sträßchen, in das wir nach links einbiegen.

Es führt uns gleich darauf noch einmal kurz durch den Wald und steigt dann an. Etwa 200 Meter nach dem Wald biegen wir auf der Höhe nach rechts ab und spazieren auf den Waldrand zu. Vor ihm zieht der Asphaltweg nach rechts, dann nach links wieder in den Wald. Es geht immer nach Norden, durch den Wald, danach über Felder und vorbei an einem landwirtschaftlichen Anwesen nach *Suppingen*.

Nach der Brücke bei den ersten Häusern zieht unsere Straße etwas nach rechts. Hier spazieren wir geradeaus weiter zur querenden Durchgangsstraße. Wir biegen nach links ab und nach den letzten Häusern mit dem gelben Dreieck nach rechts; »Laichinger Tiefenhöhle« ist nun bereits angeschrieben. Nach den Häusern gehen wir zwischen dem *Umspannwerk* und der *Kläranlage* hindurch, queren ein Trockental und marschieren dahinter am Waldrand entlang. Kurz darauf ziehen Waldrand und Weg nach links. Wo der Wald rechts zurückweicht, biegen wir nach rechts ab und wandern weiter am Waldrand entlang. Immer geradeaus nach Norden gehend kommen wir zurück zum Parkplatz.

Fachwerkhaus in Suppingen

- **Länge:**
  Etwa 16 Kilometer.

- **Zeit:**
  Etwa 3 ½ Stunden.

- **Höhenunterschied:**
  Etwa 500 Meter.

- **Einkehrmöglichkeiten:**
  Laichinger Tiefenhöhle, vor Sontheim, Sontheimer Höhle, Suppingen.

- **Sonstiges:**
  Die Wanderung verläuft auf Pfaden, Forstwegen und Sträßchen.

- **Empfohlene Karte:**
  Freizeitkarte 524, Bad Urach, Landesvermessungsamt Baden-Württemberg.

Vom Blautopf zur Burgruine

Blaubeuren – Ruine Günzelburg – Küssende Sau – Blaubeuren – Ruine Rusenschloss – Blaufelsen – Blaubeuren

Zahlreiche Sehenswürdigkeiten können wir auf dieser Wanderung besuchen, zuerst natürlich Blaubeuren mit dem Blautopf, dem Kloster mit der Kirche und ihrem berühmten Schnitzaltar. Auch die Museen der Stadt sind einen Besuch wert. Außerdem ist die Ruine Rusenschloss eine interessante Anlage. Und immer wieder hat man einen fast schon atemberaubenden Blick ins Tal. Wer will, kann diese Tour auch in zwei Teile aufteilen.

- **Ausgangspunkt:**
  Blaubeuren.

- **Wegverlauf:**
  In *Blaubeuren* gehen wir erst zum Marktplatz. Dort biegen wir am Rathaus in die Webergasse ein, gleich darauf nach rechts in die Ziegelgasse und überqueren die Küfergasse. Etwas nach links versetzt kommen wir in die Patzgasse, und dahinter geht es mit dem Zeichen gelbes Dreieck über die Bergstraße. Nun wandern wir durch einen Fußgängertunnel unter der B 28 hindurch und steigen dahinter auf in den Wald. An der Verzweigung kurz darauf folgen wir der gelben Gabel nach links. Gleich geht es aber wieder nach rechts und dann in Serpentinen, immer dem Zeichen folgend, aufwärts. Wir überqueren einen Forstweg; es geht nochmals ein Stück höher, bis wir oben auf einen weiteren Forstweg treffen. Hier orientieren wir uns rechts.

  Nach einigen Minuten senkt sich der Weg, das Zeichen weist uns aber vorher noch nach links. Wir verlassen den Wald und gehen am Waldrand entlang nach rechts. Eine Weile später kommen wir an einem Skilift und einem Häuschen vorbei. Nach dem anschließenden Grillplatz ignorieren wir den nach links abgehenden Weg;

Beim Blautopf

Blaubeuren ist natürlich in erster Linie die Stadt des berühmten Blautopfs, der sagenumwobenen Quelle der Blau, die schon Schauplatz unzähliger Tauchabenteuer, auch solcher mit unglücklichem Ausgang, war. Am Quelltopf befindet sich eine Hammerschmiede, die besichtigt werden kann. Sehenswert ist auch das ehemalige Benediktinerkloster, das sich noch in seinem Zustand aus dem 15. Jahrhundert zeigt. In der Klosterkirche sind ein berühmter spätgotischer Hochaltar (wohl von Michel Gregor Erhart) – einer der großen Altäre der deutschen Spätgotik – und prächtiges geschnitztes Chorgestühl von Jörg Syrlin dem Jüngeren zu sehen. Das um 1100 gegründete Benediktinerkloster wurde 1466 bis 1510 erbaut, das damalige Burren erhielt im 13. Jahrhundert Stadtrechte. 1447 kamen Stadt und Kloster zu Württemberg. In der Altstadt sieht man viele alte Bürgerhäuser, meist Fachwerkhäuser, die zusammen mit der Klosteranlage ein mittelalterliches Stadtbild ergeben. Der Blautopf, die Quelle der Blau, ist eine der größten und sicherlich eine der schönsten Quellen Deutschlands. Es gibt ein interessantes Urgeschichtliches Museum, das besonders Kindern viel Spaß machen wird, und ein Heimatmuseum. In den Höhlen um Blaubeuren fand man die wahrscheinlich ältesten Kunstwerke der Menschheit. – Auf dem **Blaufelsen** mit seiner guten Aussicht wurde wohl um 1080 ein Wachtturm erbaut. Nach einem Beschuss 1519 durch Herzog Ulrich verfiel die Anlage; 1773 wurde sie abgebrochen. – Die **Günzelburg** wurde im 12. oder 13. Jahrhundert erbaut, ihr Verfall setzte vermutlich im 15. Jahrhundert ein. Heute sind nur noch wenige Reste vorhanden. Auch hier kann der Wanderer die Aussicht genießen. – Das **Rusenschloss** war im 12. und 13. Jahrhundert eine mächtige Feste. Über die schroffen Felsen spannte sich eine über zehn Meter lange Bogenbrücke. Seit dem 15. Jahrhundert verfällt die Anlage. Ihre letzten Reste wurden um 1820 gerettet.

kurz danach – wo rechts ein Baum als Naturdenkmal ausgewiesen ist und links als einziger Baum eine große Linde steht – biegen wir von unserem Asphaltweg in den nach links abknickenden Wiesenweg ein.

Wir überqueren erst ein Asphaltsträßchen, dahinter einen Wiesenweg, und kommen zu einem geschotterten Feldweg, in welchen wir nach links einbiegen. Kurz vor dem Wald passieren wir einen als Naturdenkmal ausgewiesenen Tümpel – eine Seltenheit auf der Albhochfläche. Links davon ist eine kleine Heide zu sehen. Bald danach weist uns das Wanderzeichen, nun das rote Dreieck, nach rechts in den Wald. Der mächtige Fels dort trägt die *Ruine Günzelburg.* Vor allem die Aussicht lohnt den kurzen Abstecher.

Anschließend wandern wir auf schmalem Pfad, immer dem roten Dreieck folgend, hinab nach Blaubeuren. Unterwegs durchwandern wir das Felsenlabyrinth, unter anderem mit hohen Kletterfelsen und der bekannten *Felsformation »Küssende Sau«.*

Nach den ersten Häusern von *Blaubeuren* weist uns das Wanderzeichen nach rechts, die Stufen hinab zur B 492, die uns in wenigen Minuten nach links zum *Bahnhof* bringt. Wer möchte, bricht hier die Tour ab beziehungsweise beginnt hier, wenn er nur den zweiten Teil der Wanderung in Angriff nehmen möchte.

Dann gehen wir nach dem Bahnhof geradeaus weiter, bis die Bundesstraße einen scharfen Rechtsknick macht. Vor der Brücke folgen wir dem mit der roten Gabel gekennzeichneten schmalen Schotterpfad in Richtung »Rusenschloss« ins Gehölz hinein; an der Verzweigung gleich dahinter halten wir uns rechts, hinab in die Talaue der Blau, die wir auf der Eisenbrücke gleich neben der hohen Eisenbahnbrücke überqueren.

Dahinter steigt es wieder steil an. Unser Zeichen ist nun die rote Raute. Nach einiger Zeit erreichen wir das *Rusenschloss.* Nach diesem wandern wir mit nur leichtem Auf und Ab weiter bis zu einer Verzweigung, wo wir dem nach links abgehenden Weg, nun mit dem Zeichen rote Gabel, in Richtung »Blautopf« folgen. Wir spazieren bald an einem Kriegerdenkmal mit Aussichtspunkt vorbei, kurz dahinter stoßen wir auf die ersten Häuser von *Sonderbuch.*

Vom Blautal aus hat man einen schönen Blick zur Ruine Rusenschloss.

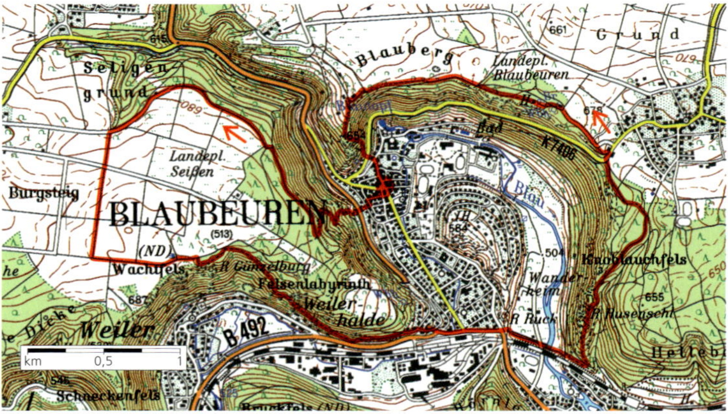

Die Straße überquerend kommen wir zu einer *Flughalle.* An der Verzweigung danach halten wir uns links und wandern über den Spiel- und Grillplatz. Nun geht es einige Zeit am Waldrand entlang, bis wir auf das Zeichen gelbes Dreieck treffen. Hier schlendern wir noch ein Stück nach links am Waldrand entlang weiter, dann führt uns der Weg in den Wald hinein.

Abwärts wandernd stehen wir kurz darauf vor dem *Blaufelsen,* direkt über Blaubeuren. Hier können wir einen Großteil unserer Wanderstrecke überblicken.

Vor dem Felsen geht es im Zickzack steil hinab nach *Blaubeuren.* Wir überqueren das Landsträßchen und erreichen sogleich auf Stufen das Kloster. Etwas nach links versetzt finden wir den berühmten *Blautopf.*

- **Länge:**
  Etwa 10 ½ Kilometer.

- **Zeit:**
  Etwa 4 ½ Stunden.

- **Höhenunterschied:**
  Etwa 300 Meter.

- **Grillmöglichkeiten:**
  Am Skilift und kurz nach Sonderbuch.

- **Einkehrmöglichkeiten:**
  Blaubeuren.

- **Sonstiges:**
  Da man in der Mitte der Tour durch Blaubeuren kommt, besteht auch die Möglichkeit, die Wanderung in zwei Teile aufzuteilen.

- **Öffentliche Verkehrsmittel:**
  Bahn bis Blaubeuren.

- **Empfohlene Karte:**
  Freizeitkarte 525, Ulm, Landesvermessungsamt Baden-Württemberg.

Lauterquelle und Ruine Lauterstein

Lautern – Hohenstein – Bollinde – Lautertal – Lautern

Vor allem für Leute, die gerne ohne großen Rummel unterwegs sind und die Freude an der von Feldern und Wiesen bestimmten Landschaft zwischen Merklingen und Blaubeuren haben, ist diese Tour geeignet. Beeindruckend sind das Naturdenkmal Bollinde und das stille, ernste Lautertal. Historisch interessant sind die Ruine Lauterstein – auch wenn nicht mehr viel von ihr vorhanden ist – und das alte Gebäude der Albwasserversorgung.

Die in **Lautern** liegende Lauterquelle war früher eine kirchliche Taufstätte. Das Flüsschen war so stark, dass es kurz nach der Quelle schon vier Mühlen betreiben konnte. Sehenswert sind die spätgotische Kirche mit dem mächtigen romanischen Turm und den Epitaphien an der Außenwand sowie das Gebäude der Albwasserversorgung von 1874. In der Umgebung gibt es schöne Wacholderheiden mit einzelnen Felsen. – Die vermutlich schon im 12. Jahrhundert erbaute **Burg Lauterstein** wurde bereits um 1550 als »ein alt öd Burgstelle« bezeichnet. Auf der Burg soll zu Beginn des 16. Jahrhunderts der bekannte Arzt, Naturforscher und Philosoph Paracelsus längere Zeit gewohnt haben. Von ihr sind nur noch wenige Reste erhalten.

- **Ausgangspunkt:**
  Blaustein-Lautern.

- **Wegverlauf:**

Parkplätze gibt es bei der alten Kirche in *Lautern* und kurz darauf bei der Lauterquelle. An der *Quelle* nehmen wir den mit der roten Gabel markierten Weg, der nach Osten wegführt. Es geht erst auf Stufen steil hinauf zum Waldrand und hier nach rechts zum bereits sichtbaren *Hohenstein*. In dieser Ansiedlung fällt uns das zweigeschossige ehemalige Schlösschen auf, das ein schönes Pilasterportal mit dem österreichischen Wappen besitzt. Es wurde Ende des 17. Jahrhunderts erbaut.

Wir halten uns links und spazieren über die Felder zur Landstraße, überqueren sie und marschieren dahinter geradeaus auf dem Wiesenweg zum Waldrand. Hier orientieren wir uns auf dem Forstweg rechts. Nach etwa einem Kilometer nehmen wir den mit der gelben Raute nach links nach »Tomerdingen« abknickenden Weg, der uns aus dem Wald hinausbringt. Hier biegen wir nach rechts ab, halten uns aber gleich wieder links auf den Wiesenweg, auf dem wir zum nächsten Waldstück marschieren. Hier stand früher eine römische villa rustica. Wir biegen nach rechts ab, gleich darauf zieht der Weg nach links. Nun marschieren wir rund eine Viertelstunde bis zu den Elektroleitungen.

Nach den Leitungen und kurz vor der Autobahn biegen wir in das querende Sträßchen nach links ein. Ihm folgen wir nun eine ganze Weile. Es beschreibt nach knapp einer Viertelstunde einen Rechtsknick. Später überqueren wir eine Landstraße, wandern an einem Hof vorbei und treffen auf ein querendes Sträßchen, das von links aus Richtung Bermaringen kommt. Auf dem Sträßchen wandern wir nach

Das Pumpwerk in Lautern gehört zur Albwasserversorgung.

rechts zur mächtigen *Bollinde*. Kurz hinter diesem Naturdenkmal biegen wir nach links ab in Richtung des Waldrandes.

Nun geht es bergab ins *Lautertal*. Unten angekommen biegen wir nach links ab und marschieren mit der gelben Gabel zurück nach *Lautern*. Wer will, kann jetzt noch hoch zur *Ruine Lauterstein* steigen. Man hält sich dabei an der Lauterquelle mit dem historischen Gebäude der Albwasserversorgung rechts in Richtung »Asch«. Der Weg beschreibt eine Rechts-, dann eine Linkskurve. Hier gehen wir noch rund fünfzig Meter nach rechts zur Burgstelle.

Idyllisches Kirchlein in Hohenstein

- **Länge:** Etwa 15 ½ Kilometer.
- **Zeit:** Etwa 3 Stunden.
- **Höhenunterschied:** Etwa 250 Meter.
- **Einkehrmöglichkeit:** Lautern.
- **Sonstiges:** Die Wanderung verläuft überwiegend auf Forstwegen und Sträßchen.
- **Öffentliche Verkehrsmittel:** Bahn, dann Bus bis Lautern.
- **Empfohlene Karte:** Freizeitkarte 525, Ulm, Landesvermessungsamt Baden-Württemberg.

Vom Lonetopf zur Heide

Urspring – Luizhausen – Lonsee – Salacher Heide – Urspring

Zu dieser Wanderung starten wir am Quelltopf der Lone, einer der größten Quellen der Schwäbischen Alb. Dann geht es durch eine lebhaft bewegte Landschaft mit Wiesen, Feldern und Wäldern und einer kleinen Heide nach Lonsee. Auf dem Rückweg spazieren wir an der sehenswerten Heide am Salenberg vorbei.

- **Ausgangspunkt:** Lonsee-Urspring.

- **Wegverlauf:** Wir können beim *Quelltopf der Lone* an der Lonequellehalle parken. Dann gehen wir zur *B 10* und rechts des Fachwerkhauses in der Reuttierstraße weiter. Kurz bevor sie auf die Landstraße trifft, nehmen wir den nach links abgehenden Feldweg, der parallel zur Straße verläuft; bei feuchtem Wetter ist die Straße vorzuziehen. Nach einigen Minuten folgen wir dem nach links abzweigenden asphaltierten Sträßchen. An der Verzweigung nach dem Haus halten wir uns links. An der nächsten Kreuzung, wo es nach links zu einem Anwesen geht, biegen wir nach rechts

Erstmals genannt wurde **Lonsee** 1108 anlässlich einer Stiftung an das Kloster Bebenhausen. Spätere Besitzer waren die Pfalzgrafen von Tübingen, danach die Helfensteiner, die Lonsee im Jahr 1396 an Ulm veräußerten. Als Stadt erstmals erwähnt wurde es 1268. – **Urspring**, zur Römerzeit wichtiger Straßenknotenpunkt – in der Nähe lag ein Kastell –, wurde ebenfalls 1108 erstmals erwähnt. Es kam 1396 von den Helfensteinern an Ulm. Sechs Meter Tiefe und einen Durchmesser von zehn Metern weist der Lone-Quelltopf (562 m) auf. – Seit 1942 ist der 29 Hektar große **Salenberg** mit seiner Wacholderheide als Naturschutzgebiet ausgewiesen.

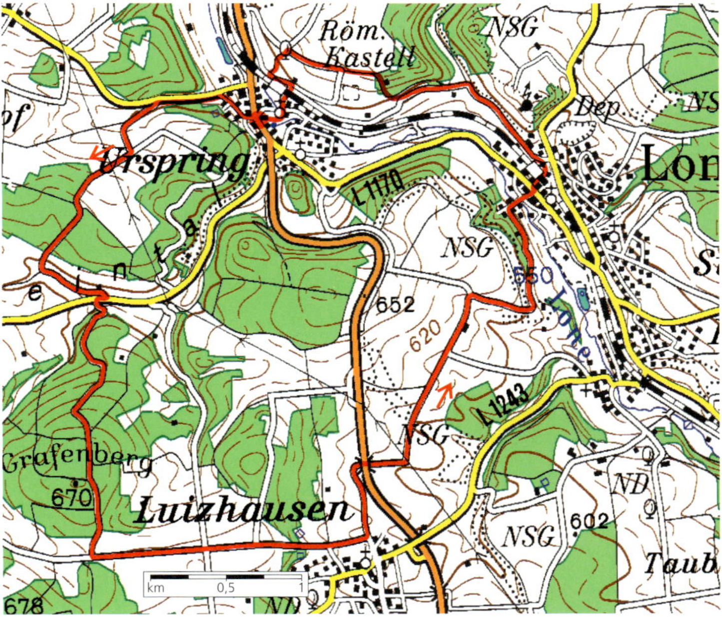

zum Wald ab. Wir wandern kurz an diesem entlang, dann beschreibt der Weg einen Links-rechts-Knick und bringt uns in den Wald. Es geht bald bergab und aus dem Wald heraus. An der Kreuzung danach biegen wir nach links ab und spazieren durch das Trockental zur *Landstraße*.

Auf der anderen Seite der Straße geht es etwas nach rechts versetzt weiter. Wir nehmen an der Verzweigung den linken Weg, der uns mit einer Links-rechts-Kurve in den Wald bringt und ebenso windungsreich weiterführt. Es geht erst etwas hinauf, dann wieder abwärts.

Der Lonetopf bei Lonsee

An der Kreuzung nach dem Wald halten wir uns links, nun mit dem Wanderzeichen gelbe Raute. Wir gehen immer geradeaus weiter bis vor die B 10. Dort biegen wir links ab, kurz danach unterqueren wir die Bundesstraße nach rechts. Am nächsten Querweg halten wir uns links und wandern geradeaus bis zu zwei großen *Scheunen*. Nach diesen halten wir uns rechts und spazieren auf dem Asphaltsträßchen weiter. Kurz darauf knickt es nach links ab und wir sehen auch eine kleine Wacholderheide. Rechts unterhalb liegt Lonsee. Bei den Häusern knickt der Weg nach rechts ab, wir kommen hinab in den Ort, gehen links am *Rathaus* vorbei und steigen wieder

Blick zum Naturschutzgebiet am Salenberg

etwas an zur Durchgangsstraße. Etwas nach links versetzt geht es auf der anderen Seite weiter zum *Bahnhof*.

Wir überqueren die Gleise, gehen dahinter noch etwas geradeaus weiter und halten uns an der nächsten Querstraße links. Gleich danach zweigen wir nach links ab und wandern dann erst parallel zu den Gleisen. Nach den Häusern kommen wir am *Salenberg* vorbei, auf dem eine schöne Wacholderheide wächst. Am Ende der Heide sehen wir links ein kleines Haus und folgen hier dem markierten Wanderweg nach links. Gleich danach weist uns das Zeichen nach rechts auf einen Waldweg. Wir biegen gleich darauf nach links ab und steigen kurz steil empor bis zum Waldrand. Nun biegen wir mit dem Zeichen nach links ab und wandern einige Zeit geradeaus – mit schönem Blick auf Urspring. Am Ende des links unten liegenden Ortes weist uns das Wanderzeichen nach links abwärts. An den Bahngleisen halten wir uns links, unterqueren gleich danach die Gleise und spazieren auf die *Kirche* zu, hinter der unser Ausgangspunkt liegt, der *Lonetopf*.

- **Länge:**
  Etwa 13 ½ Kilometer.

- **Zeit:**
  Etwa 3 Stunden.

- **Höhenunterschied:**
  Etwa 250 Meter.

- **Einkehrmöglichkeiten:**
  Urspring, Luizhausen, Lonsee.

- **Sonstiges:**
  Die Wanderung verläuft überwiegend auf befestigten Wegen.

- **Öffentliche Verkehrsmittel:**
  Bahn bis Urspring oder Lonsee, Busverbindungen.

- **Empfohlene Karte:**
  Freizeitkarte 525, Ulm, Landesvermessungsamt Baden-Württemberg.

Aussichtsfels und Wallfahrtskapelle

Furtlepass – Bargauer Horn – Bernhardus – Furtlepass

Bei dieser Tour geht es zwar kräftig auf und ab, dafür bietet sie aber immer wieder schöne Aussichten ins Tal. Das Bargauer Horn ist ein interessantes Naturschutzgebiet. Ansonsten wandern wir durch Wälder zur Kapelle auf dem Bernhardus.

- **Ausgangspunkt:**

Furtlepass, nördlich von Schwäbisch Gmünd-Degenfeld.

- **Wegverlauf:**

Südlich der *Passhöhe* gibt es westlich der Landstraße einen Parkplatz. Wir folgen zunächst dem Weg, der am Waldrand entlang nach Westen führt und uns herrliche Blicke ins Tal bietet. An der Verzweigung kurz danach halten wir uns rechts und kommen hinab nach *Herdtlinsweiler.* An dem Feldkreuz, vor dem die Untere Gasse von der Ofengasse abzweigt, halten wir uns links in die Untere Gasse und spazieren entlang des Strümpfelbaches gemütlich nach *Weiler in den Bergen.*

Auf dem 1939 unter Naturschutz gestellten **Bargauer Horn** findet man Wacholderheiden und seltene Pflanzen wie zum Beispiel verschiedene Enzianarten und Orchideen, außerdem bedrohte Tierarten. Das Gebiet gehört zum Teil dem Schwäbischen Heimatbund, von dem es auch gepflegt wird. Von hier aus hat man einen herrlichen Blick zu den Kaiserbergen. – An der Stelle der heutigen, 1880 erbauten **Bernharduskapelle** stand von 1733 bis 1808 eine barocke Wallfahrtskirche, die aber in der Zeit der Aufklärung abgebrochen wurde. Das Gnadenbild des heiligen Bernhardus (Bernhard von Clairvaux) brachte man in die Wallfahrtskirche Hohenrechberg. Die heutige Sandsteinstatue stellt den heiligen Nepomuk dar.

Vom Bargauer Horn aus hat man einen herrlichen Blick.

Vor dem Sackgassenschild halten wir uns rechts zur Durchgangsstraße und biegen hier nach links ab. Etwas später folgen wir der Pfarrer-Hans-Straße nach rechts in Richtung Wanderparkplatz beziehungsweise Kirche. Der Wanderparkplatz, an dem wir die Tour auch beginnen können, liegt hinter der *Kirche*. Hier biegen wir nach links ab. Ab jetzt steigt es an. Der Weg beschreibt gleich darauf eine Rechtskurve und bringt uns stetig ansteigend durch ein kurzes Waldstück auf eine Freifläche. Hier knickt unser Weg vor dem Berg nach links ab. Dieser Berg, der eine kleine Wacholderheide trägt, ist das Bargauer Horn, das wir später aufsuchen werden.

Nach dem Linksknick steigt es wieder an, bald sind wir im Wald. Kurz nachdem ein mit dem blauen Dreieck markierter Weg in unseren eingemündet ist, knickt er nach links ab. Gleich darauf zweigt der markierte Weg nach rechts ab und bringt uns zu einem *Kreuz* an einer Kreuzung. Hier biegen wir mit dem Zeichen rotes Dreieck in den Jakobusweg nach rechts ein.

Es steigt weiter an zum *Bargauer Kreuz*. Unser Weg führt rechts an ihm vorbei, nun wieder bergab. Vorher biegen wir aber mit dem Zeichen roter Winkel nach rechts ab und folgen der Markierung zum Bargauer Horn, bis wir den Wald verlassen und oberhalb einer Heide an einer Bank stehen. Jetzt haben wir eine Pause verdient. Nicht nur, weil die Aussicht, unter anderem zu den Kaiserbergen, herrlich ist, sondern auch, weil wir den größten Teil des Anstiegs geschafft haben.

Wir gehen anschließend zurück zum Kreuz und biegen nach rechts ab. Es geht auf einem recht schlechten Naturweg abwärts; das rote Dreieck weist uns ab jetzt in Richtung »Bernhardus«. Etwas später treffen wir auf einen festen Forstweg, dem wir aus dem Wald folgen. Wir überqueren die *Kitzinger Ebene,* dahinter kommen wir wieder in den Wald. Kurz nachdem nach rechts der mit dem blauen Dreieck markierte Weg abgezweigt ist, halten wir uns an der Verzweigung rechts. Ab nun sollten wir die alten Grenzsteine aus dem 17. und 18. Jahrhundert beachten, die wir ab und zu sehen.

An einem Querweg halten wir uns mit dem Zeichen rechts und kommen kurz darauf zu einem anderen quer verlaufenden Weg. Hier biegen wir nach links ab, an der Kreuzung gleich darauf orientieren wir uns mit dem Zeichen rote Gabel nach rechts. Nun wandern wir eine Zeit lang nach Westen bis zu einer Kreuzung, wo wir nach rechts in

Zur Kapelle auf dem Bernhardus werden Wallfahrten durchgeführt.

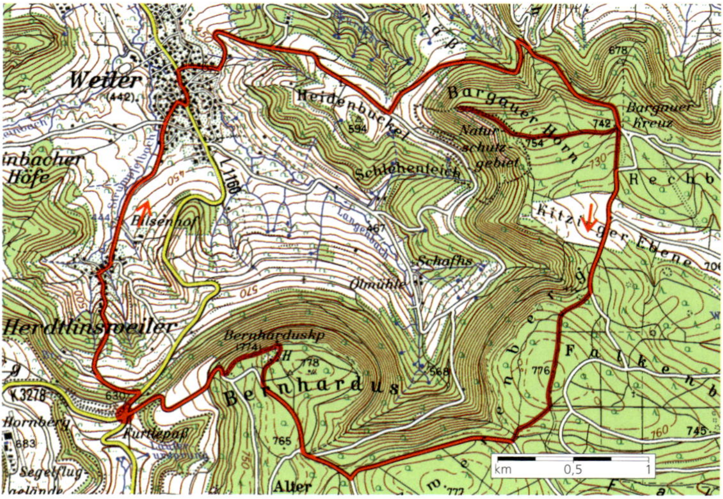

Richtung »Bernhardus/Hornberg« abbiegen. Unser Zeichen ist erst der rote Balken; etwas später an einer Verzweigung am Waldabteilungsschild »III 4 Kalksteige« wechselt es in das rote Kreuz. Hier nehmen wir den mittleren der nach Westen führenden Wege.

Wir wandern nun bis zu einer Kreuzung, an der wir halbrechts in wenigen Minuten zur bald sichtbaren *Bernharduskapelle* spazieren. Vor der Kapelle befindet sich ein Aussichtspunkt. Wir können nun entweder zum Abzweig zurückgehen und uns hier mit dem roten Kreuz rechts halten oder am Aussichtspunkt am Trauf auf dem Fußpfad nach links weiterwandern. Wir stoßen bald auf den breiten markierten Wanderweg, der uns nach rechts aus dem Wald hinaus und stetig bergab zurück zum *Ausgangspunkt* bringt.

- **Länge:**
  Etwa 11 Kilometer.

- **Zeit:**
  Etwa 4 Stunden.

- **Höhenunterschied:**
  Etwa 670 Meter.

- **Sonstiges:**
  Die Wanderung verläuft auf Naturpfaden, teilweise auch auf festen Wegen.

- **Öffentliche Verkehrsmittel:**
  Busverbindung von Schwäbisch Gmünd nach Weiler in den Bergen beziehungsweise zum Furtlepass.

- **Empfohlene Karte:**
  Freizeitkarte 521, Göppingen, Landesvermessungsamt Baden-Württemberg.

Über den Ostfels zur wilden Teufelsklinge

Heubach – Scheuelberg – Bargauer Kreuz – Teufelsklinge – Heubach

Wir steigen von Heubach aus hoch auf den Scheuelberg, der eine gute Aussicht bietet. Anschließend geht es durch eine schöne Mischung von Waldgebieten und Heideflächen weiter zum Bargauer Horn, einem interessanten Naturschutzgebiet mit Ausblicken. Ausgesprochen reizvoll ist auch die mächtige Teufelsklinge mit ihrem Wasserfall am Schluss der Wanderung.

- **Ausgangspunkt:**
  Heubach.

- **Wegverlauf:**
  Wir beginnen die Tour am *Marktplatz* in Heubach, der etwas

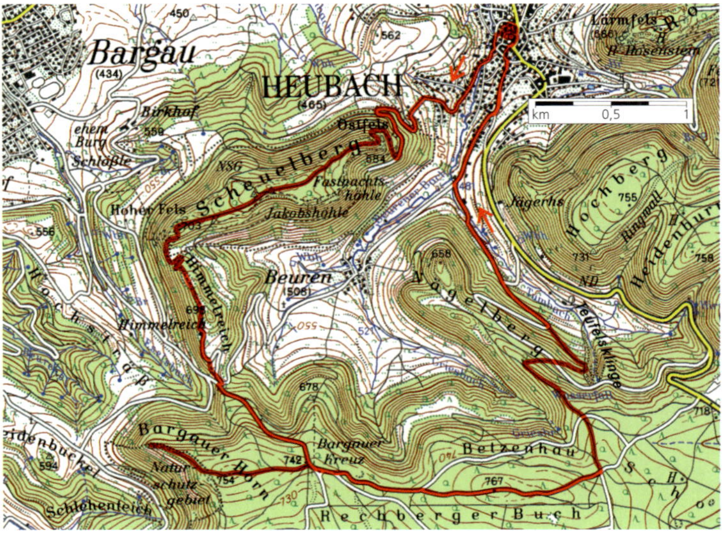

Blick vom Ostfels über Heubach zum Rosenstein

südlich der oberen Kirche liegt. Hier gehen wir mit dem Zeichen rote Gabel nach Westen. Die Straße zieht nach links und mündet in die Scheuelbergstraße, der wir folgen. Nach einem Parkplatz steigt es an. Das Zeichen führt uns sicher aus dem Ort und über Baumwiesen in den Wald. Ab und zu sollten wir zurückschauen, denn man hat einen schönen Blick auf Heubach und zum Rosenstein.

Im Wald folgen wir dem Forstweg erst nach rechts, dann nach links, und schließlich nehmen wir den schmalen Pfad, der nach rechts abzweigt und uns in weiteren Serpentinen zum *Ostfels* (684 m) bringt. Von hier hat man wohl den schönsten Blick auf den Ort und den Rosenstein. Anschließend folgen wir dem Wanderzeichen Gabel über den Scheuelberg. Nach einiger Zeit erblicken wir rechts einige Felsen, danach den kreuzgekrönten *Hohen Fels* (703 m). Von hier aus sieht man ins Albvorland und hinüber zu den Kaiserbergen.

Danach fällt es steil ab, nun in Richtung »Bargauer Kreuz«. Wir überqueren eine Wiese, die uns nach links einen Blick auf den lang gestreckten Scheuelberg und eine kleine Wacholderheide bietet. Anschließend steigt es im Wald wieder an. Wir kommen zu einer Freifläche, wo wir einen Aussichtspunkt mit Bank finden, von dem man zu den Kaiserbergen sieht.

An der Verzweigung danach halten wir uns rechts und spazieren hinab zum *Gasthof am Himmelreich.* Jetzt geht es auf dem Sträßchen, dann dieses abkürzend, geradeaus

Die Ursprünge von Kirche, Friedhof und Rathaus in **Heubach** gehen auf die Stauferzeit zurück; 1360 wurde es als Stadt genannt. Aus späteren Zeiten sind große Eisenerzgruben bezeugt. Der Ort kam nach dem Sieg von Kaiser Karl IV. gegen Graf Eberhard von Württemberg (der Greiner) an das Reich, nach der Schlacht bei Reutlingen 1377 aber an Württemberg. Früher bestritten die Einwohner ihren Lebensunterhalt unter anderem mit Weben, woraus eine Korsettweberei entstand. Sehenswert ist der eiserne Marktbrunnen von 1773 mit dem Wappen der Stadt »Heybach« und dem württembergischen Wappen mit den Buchstaben CHZW (Carl Herzog zu Württemberg). Die evangelische Stadtkirche geht auf das 13. Jahrhundert zurück. Im Ort sieht man einige schöne Fachwerkhäuser; eine Besonderheit ist das Miedermuseum, das einzige in Europa. – Bei der **Teufelsklinge** handelt es sich um einen prächtigen Talschluss in Form mächtiger, fast senkrecht und waagerecht geschichteter Kalkbänke. Aus einem großen Loch sprudelt Wasser, mal mehr, mal weniger. Nach starken Regenfällen gibt es hier einen dreißig Meter hohen Wasserfall, der im Tal als Tumbach weiterläuft. – Seit 1998 steht auf dem **Scheuelberg** (716 m) eine Fläche von 119 Hektar unter Naturschutz. Eine Verbindung zur Albhochfläche stellt das »Himmelreich« dar. Auf seiner Südseite sind auf Wacholderheiden Enziane und Orchideen zu finden; außerdem gibt es hier drei größere Höhlen.

weiter auf einem Pfad bis zu einer Kreuzung, wo wir ein Kreuz sehen. Wir wandern nun mit dem Zeichen rotes Dreieck geradeaus auf dem breiten Weg weiter. Ab jetzt steigt es an bis zum *Bargauer Kreuz.* Wer möchte, kann nach rechts zum *Bargauer Horn* weitergehen und anschließend hierher zurückkommen; für die etwa drei Kilometer lange Erweiterung benötigt man knapp eine Stunde.

Ansonsten halten wir uns am Bargauer Kreuz nun mit dem Zeichen rote Raute links in Richtung »Heubach«. Etwas später an der Verzweigung weist uns das Zeichen auf den rechten Weg, der etwas ansteigt und dann wieder fällt. Schließlich knickt unser Weg nach links in Richtung »Heubach/Teufelsklinge« ab. Wir gehen hinab, überqueren einen Forstweg und dürfen danach nicht übersehen, dass unser Weg, nun als schmaler Pfad, nach etwa 500 Metern nach rechts abzweigt. Er knickt gleich nach rechts ab, wir überqueren zwei Wege und kommen zu einem Schild, das uns nach rechts zur hundert Meter entfernten *Teufelsklinge* weist. Es empfiehlt sich, zu diesem sagenumrankten Stück

Natur zu gehen. Wegen des Steilabfalls sollte man aber auf Kinder gut aufpassen.

Anschließend gehen wir die hundert Meter wieder zurück und biegen nach rechts ab. Es geht zuerst recht steil hinab, kurz darauf spazieren wir auf dem mäßig fallenden Weg nach links weiter. Praktisch immer geradeaus und parallel zum Tal des Tumbachs gehend kommen wir zu einem *Parkplatz,* danach zurück nach *Heubach.*

- **Länge:**
  Etwa 11 Kilometer; zum Bargauer Horn etwa 3 Kilometer mehr.

- **Zeit:**
  Etwa 4 Stunden.

- **Höhenunterschied:**
  Etwa 600 Meter.

- **Einkehrmöglichkeiten:**
  Himmelreich, Heubach.

- **Sonstiges:**
  Die Wanderung verläuft auf Naturpfaden und festen Wegen. Bei der Teufelsklinge ist mit Kindern Vorsicht geboten.

- **Öffentliche Verkehrsmittel:**
  Bahn bis Böbingen oder Schwäbisch Gmünd, Bus bis Heubach.

- **Empfohlene Karte:**
  Freizeitkarte 521, Göppingen, Landesvermessungsamt Baden-Württemberg.

Besetzt? – Moderne Kunst in Heubach

Von der Ruine zur Höhle

Parkplatz Rosenstein – Ruine Rosenstein – Große Scheuer – Lautern – Parkplatz Rosenstein

Obwohl diese Tour als kurz zu bezeichnen ist, erleben wir mit der Ruine auf dem Rosenstein und den mächtigen Höhlen einige der interessantesten Sehenswürdigkeiten auf der Ostalb. Anschließend bietet sich Heubach mit seinem europaweit einzigen Miedermuseum für einen Besuch an.

- **Ausgangspunkt:**

Parkplatz auf dem Rosenstein bei Heubach (Fernsehturm).

- **Wegverlauf:**

Am Parkplatz folgen wir zuerst dem mit dem roten Dreieck markierten Forstweg nach links in Richtung »Ruine Rosenstein«. Wir kommen zu einem Wegkreuz, bei dem es nach links geht. Leicht ansteigend erreichen wir über die Waldschenke den Steg über den Halsgraben der *Burg.* Dahinter befindet sich der *Lärmfels* mit den Resten des Palas. Noch vor dem Steg liegt rechts ein Aussichtspunkt mit Erklärungstafel.

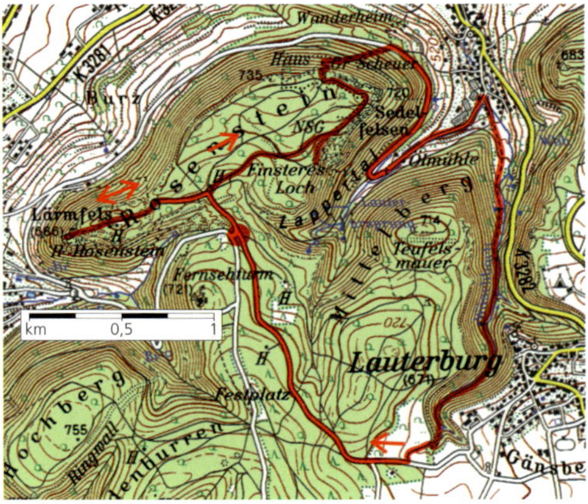

Anschließend spazieren wir zurück zum Wegkreuz. Nun folgen wir, vorbei an der Hütte, dem Schild zum »Finsteren Loch« (Markierung nun rote Gabel.) Nach etwas Auf und Ab werden wir nach rechts verwiesen. Es geht jetzt ein Stück am Trauf entlang, schließlich kurz

Die 686 Meter hohe Berghalbinsel des **Rosensteins** hängt nur mit einem schmalen Bergrücken mit der Alb zusammen. Von der ehemaligen Fliehburg aus der Hallstattzeit sind noch Wälle zu finden. Die Burg aus dem 11. Jahrhundert ist seit 1680 zerfallen. Ein eiserner Steg führt über den ehemaligen Burggraben zum Lärmfelsen mit den Resten des Palas. – Das **Finstere Loch** ist eine 133 Meter lange Tropfsteinhöhle; hier fand man Bärenknochen, Tonscherben aus der Hallstattzeit, der späten Römerzeit und dem Mittelalter. Im Winterhalbjahr ist die Höhle verschlossen. – Die **Große Scheuer** ist eine Felshöhle mit 40 Metern Länge. – Dicht daneben befindet sich das **Haus,** eine 22 Meter lange Felshöhle mit spitzbogigem Felsentor. Man machte Funde aus der Bronze- und der Hallstattzeit sowie aus dem Mittelalter; außerdem fand man römische Keramik.

nach rechts steil bergab zum *Finsteren Loch.* Anschließend steigen wir wieder hoch zum Traufweg und folgen ihm nach rechts, vorbei an etlichen Aussichtspunkten, bis zum *Ostfelsen.* Hier knickt der Weg nach links ab. Jetzt geht es zu einem Einschnitt im Trauf, wo wir – gesichert mit einem eisernen Geländer – absteigen zu den Höhlen *Große Scheuer* und *Haus.*

In Serpentinen kommen wir immer weiter bergab, bis wir am zweiten querenden Forstweg nach

Der Huflattich blüht zeitig im Frühjahr.

Die Ruine auf dem Rosenstein ist vom Tal aus besonders eindrucksvoll.

rechts (Richtung »Lauterburg«) verwiesen werden. Wir spazieren nun das *Lappertal* entlang bis zu einem Querweg (Schild »Naturschutzgebiet«; hier geht auch nach rechts ein Steig zum »Finsteren Loch« hoch). Nun biegen wir links ab und kommen nach *Lautern*. Bei den ersten Häusern orientieren wir uns nun rechts (Schild »Rundwanderweg Lautern – Rosenstein«) und wandern immer geradeaus, bald über eine Wiese, dann am Bach entlang, im Wald bergauf, bis nach einigem Anstieg der breite Waldweg aufhört. Jetzt führt rechts ein schmaler Steig weiter. Er bringt uns aus dem Wald, danach halten wir uns links. Kurz darauf treffen wir auf ein Asphaltsträßchen, dem wir nach rechts zum Parkplatz am Waldrand folgen; dann wandern wir immer geradeaus mit dem roten Dreieck zum *Rosensteinparkplatz*.

- **Länge:**
  Etwa 8 Kilometer.
- **Zeit:**
  Etwa 3 Stunden.
- **Höhenunterschied:**
  Etwa 300 Meter.

Das »Haus« ist eine der großen Höhlen am Rosenstein.

- **Einkehrmöglichkeiten:**
  Heubach.

- **Sonstiges:**
  Gut zu gehende Pfade und Forstwege; im Bereich um die Große Scheuer steiler und rutschiger Abstieg. Interessant für Kinder.

- **Öffentliche Verkehrsmittel:**
  Bahn bis Böbingen oder Schwäbisch Gmünd, Bus bis Heubach.

- **Empfohlene Karte:**
  Freizeitkarte 521, Göppingen, Landesvermessungsamt Baden-Württemberg.

Aussichtsturm und Weiherwiesen

Essingen – Hohlgasse – Volkmarsberg – Tauchenweiler – Weiherwiesen – Essingen

Wir steigen auf zum Volkmarsberg mit seinem Aussichtsturm, im wahrsten Sinne des Wortes Höhepunkt dieser Tour. Ansonsten führt die Wanderung vor allem durch Waldgebiete und über landwirtschaftlich genutzte Flächen. Naturkundlich Interessierte werden sich an den bizarren Bäumen und den Weiherwiesen, einem für die Schwäbische Alb seltenen Feuchtgebiet, erfreuen.

- **Ausgangspunkt:**
  Essingen.

- **Wegverlauf:**
  In *Essingen* folgen wir ab der Kirche dem Wanderzeichen blaue Gabel in Richtung »Volkmarsberg«. Erst geht es ein wenig nach Osten, dann biegen wir aber gleich nach rechts in die »Bohnengasse« ein. Nach kurzem Bergauf orientieren wir uns rechts an der Mauer, danach

In **Essingen** sind die spätgotische Kirche (wohl 15. Jh.) mit einem spätgotischen Kruzifix, die Friedhofskapelle und Schloss Hohenroden einen Besuch wert. Die Marienkapelle wurde um 1400 erbaut und besitzt sehenswerte Fresken. – Das zwanzig Hektar große und unter Naturschutz stehende Feuchtgebiet **Weiherwiesen** besteht aus Moorwiesen und ist im Besitz des Schwäbischen Heimatbundes. Hier befinden sich zwei Weiher mit dreieinhalb Hektar Fläche und einer interessanten Flora. Es ist eines der wichtigsten Naturschutzgebiete Nordwürttembergs. – Auf dem 743 Meter hohen **Volkmarsberg,** dem früheren »Völkerberg«, steht der 1930 erbaute 23 Meter hohe Aussichtsturm des Schwäbischen Albvereins. Um den Turm wächst eine schöne Wacholderheide mit prächtigen Wetterbuchen, unter anderem die so genannte »Mutterbuche«.

Auf dem 743 Meter hohen Volkmarsberg steht ein Aussichtsturm inmitten einer für die Alb typischen Wacholderheide.

führt ein schmaler Fußweg weiter empor bis zu einer Querstraße. Dort halten wir uns rund hundert Meter links, bis wir wieder nach rechts hinaufverwiesen werden, nun aus dem Ort hinaus.

Nach dem *Schützenhaus* spazieren wir kurz nach links, in der Kurve oberhalb des Hauses aber gleich wieder nach rechts zum Wald. Vor dem Wald biegen wir nochmals nach rechts ab, nach rund 200 Metern jedoch nach links zur Waldecke und kommen, der Markierung folgend, auf einem Pfad in den Forst hinein. Bald darauf überqueren wir eine kleine Heide und marschieren danach, unsere Richtung beibehaltend, auf einem breiteren Weg weiter, nun wieder aufwärts. Wo wir auf die Fahrstraße nach Teußenberg treffen, biegen wir scharf nach rechts ab (Weg Nummer 15, später sehen wir dann das Zeichen rote Gabel). Es geht erst aufwärts, dann aber geradeaus wieder hinab, aus dem Wald hinaus und in den breiten Talgrund der Hohlgasse.

Kurz vor dem *Fachwerkhäuschen* biegen wir nach links ab, auf den bereits sichtbaren Volkmarsberg zu. Am Waldrand steigen wir, uns etwas rechts haltend (Wanderzeichen jetzt rote Raute), hinauf. Der Weg zieht nach links und mündet in einen Forstweg, dem wir in gleicher Richtung weiterfolgen, nun eben. Kurz nach einer Linkskurve verlassen wir den Weg nach rechts, wieder bergauf bis zu einer breiten Forstraße. Hier geht es nach rechts weiter.

Vorher jedoch machen wir einen kurzen Abstecher zum Volkmarsberg. Wir überqueren das Sträßchen, spazieren dahinter zu einem weiteren und folgen diesem nach rechts bis zur mächtigen *Mutterbuche.* Neben diesem Baum steigen wir nach links hinauf zum *Volkmarsbergturm.*

Anschließend marschieren wir, nun mit dem Zeichen rotes Dreieck in Richtung »Tauchenweiler«, wieder zurück und folgen dem Forstweg weiter bis zu einer Kreuzung. Hier biegen wir mit der Markierung nach rechts ab. Die Zeichen leiten uns sicher durch den Wald. Kurz nachdem wir in einen breiten Weg eingeschwenkt sind, gehen wir an dessen Verzweigung geradeaus weiter und überqueren bald darauf ein Forststräßchen. Einige Zeit danach weist uns die Markierung nach links (grünes Schild »Bartholomä«), und nach wenigen Minuten erreichen wir die große Lichtung mit der Ansiedlung *Tauchenweiler.*

Wir lassen die Gebäude links liegen, gehen kurz nach rechts, dann aber links abbiegend am Waldrand

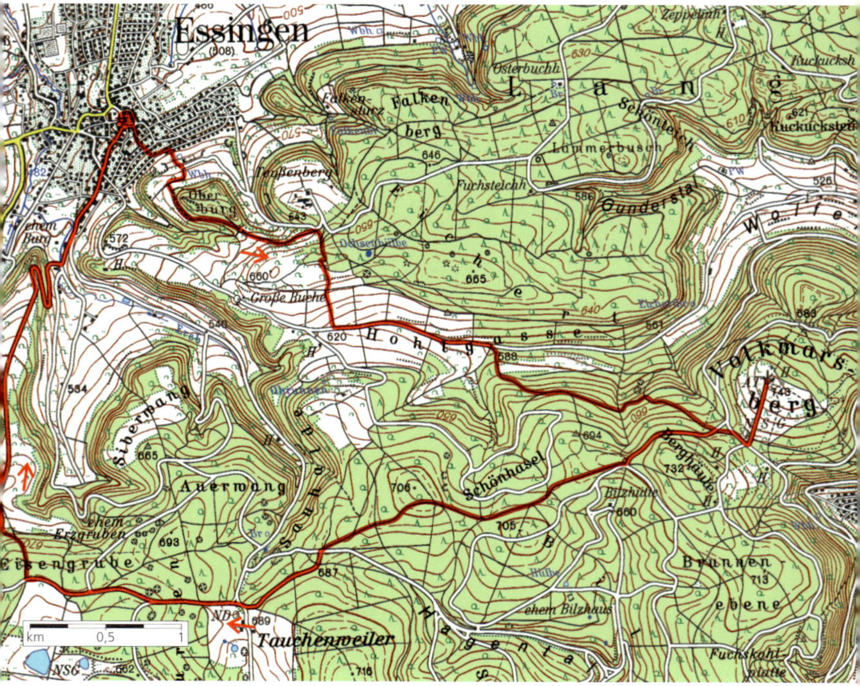

Herbststimmung mit leuchtender Farbenpracht auf dem Volkmarsberg

entlang weiter. Nun marschieren wir wieder eine Viertelstunde durch den Wald, bis bei einer großen Lichtung nach links die Markierung gelbes Dreieck abgeht. Hier können wir einen Abstecher zu den *Weiherwiesen* machen.

Am Ende der Lichtung weist uns das blaue Dreieck nach rechts in Richtung »Essingen«. Es geht steil abwärts und aus dem Wald hinaus, danach spazieren wir über ein Hochplateau mit Aussicht. Zwei scharfe Kurven bringen uns hinab, danach gehen wir nach rechts zu der Scheune und nach dem Bach links zurück nach *Essingen*.

- **Länge:**
  Etwa 13 Kilometer.
- **Zeit:**
  Etwa 4 ½ Stunden.
- **Höhenunterschied:**
  Etwa 300 Meter.
- **Einkehrmöglichkeiten:**
  Essingen, Volkmarsberg.
- **Sonstiges:**
  Wir wandern auf befestigten und Naturwegen.
- **Öffentliche Verkehrsmittel:**
  Bahn bis Aalen, Bus bis Essingen.
- **Empfohlene Karte:**
  Freizeitkarte 522, Aalen, Landesvermessungsamt Baden-Württemberg.

Vom Bergwerk auf den Braunenberg

Röthardt – Braunenberg – Baierstein – Röthardt

Zwar wandern wir auf dieser Tour durch große Waldgebiete, es bieten sich uns aber immer wieder schöne Aussichten. Empfehlenswert und für Kinder eine bleibende Erinnerung ist es, am Schluss das Bergwerk zu besuchen.

- **Ausgangspunkt:**
  Aalen-Röthardt.

- **Wegverlauf:**

Röthardt liegt in einem Bergwinkel östlich von Wasseralfingen in der Nähe des Besucherbergwerks Tiefer Stollen, dessen Beschilderung bei der Auffahrt man am besten folgt. Wir fahren durch den Weiler hindurch. Die Straße beschreibt einen Linksknick und bringt uns zum Wanderparkplatz, der sich 300 Meter nach dem Ort befindet. Hier kann man auch in den Bergbau-Lehrpfad einsteigen, wenn man nach der Wanderung noch Lust und Kondition dazu hat.

Wir nehmen am *oberen Parkplatz* den Weg, der mit dem Wanderzeichen blaue Gabel in Richtung »Braunenberg« zeigt. Er führt am Waldrand entlang. Nach der rechts liegenden Wiese zieht der Lehrpfad nach links hinab, wir steigen aber darauf nach rechts am Waldrand

Eingang zum Besucherbergwerk Tiefer Stollen

entlang hoch zum Wald. Hier geht es erst kurz nach rechts, dann im Zickzack, einen Weg überquerend, hinauf. Oben angekommen sollten wir dem Zeichen nach rechts zum Aussichtspunkt folgen.

Wir befinden uns hier über einem *ehemaligen Steinbruch* und genießen die Aussicht. Die Steilwände bestehen aus wohlgeschichteten Kalkformationen, unterbrochen von einzelnen Schwammstotzen. Auch Ammoniten und Belemniten wurden hier schon gefunden. An den Steilabbrüchen ist mit Kindern Vorsicht geboten.

Danach kehren wir zurück und halten uns am Abzweig rechts. Ab jetzt steigt es nur ab und zu mäßig an. Wir überqueren einen Forstweg und wandern über das *Braunenbäumle*. Schließlich kommen wir zu einem weiteren querenden Forstweg, wo es geradeaus nicht mehr weitergeht. Wir halten uns rechts; gleich darauf mündet ein mit blauem Dreieck markierter Weg ein. Dieses Zeichen begleitet uns nun für eine Weile und wir folgen ihm bis zu einer Kreuzung, an welcher der Fürsitzweg quert. Hier biegen wir nach rechts in den Grünenbergweg ein (Richtung »Kocherursprung«, Zeichen roter Balken, rotes Dreieck). Nach etwa 400 Metern sehen wir an einer Kreuzung eine Holzhütte, kurz danach an der Verzweigung halten wir uns rechts.

Nach etwa 600 Metern am Waldabteilungsschild »7/24 Judenbuch« zweigen wir nach links in den Bogenweg ein. Er beschreibt wirklich einige große Bögen und bringt uns schließlich hinab zum querenden Postweg. Wir nehmen hier den auf der anderen Seite wieder hochführenden Dreckigen Weg. Er bringt uns hinauf zu einer Kreuzung, an der wir uns mit dem Zeichen blaue Gabel auf dem Grenzweg rechts in Richtung Baierstein halten.

Etwas später am Waldabteilungsschild »8/3 Bärenfels« müssen wir auf einen schmalen Pfad nach links abzweigen. Nach wenigen Minuten kommen wir zum *Baierstein,* auf dem ein Kreuz steht und der uns eine schöne Aussicht bietet. Von ihm aus geht es auf einem Steig im Zickzack steil hinab zu einem breiteren Weg, dem wir nach rechts folgen. Nach einiger Zeit verlassen wir den Wald und gehen, wieder mit weitem Blick über die Wiesenflächen, bis zu einem Parkplatz. Hier biegen wir nach links ab und spazieren hinab zu den ersten Häusern von *Aalen.* Am ersten nach rechts abgehenden Weg (Rotdornweg) halten wir uns rechts, am nächsten Querweg wieder rechts. Das Wohngebiet verlassend spazieren wir wieder durch die freie Landschaft.

Wir lassen den *Hirschhof* und den als Naturdenkmal geschützten Baum links liegen. Kurz danach verzweigt sich der Weg. Geradeaus führt er steil hinab und hinauf nach Röthardt, wir nehmen aber den rechten, ziemlich ebenen Weg. Etwas abwärts wandernd kommt man zu einem scharfen Linksknick,

Nach der Tour hat man noch verschiedene Möglichkeiten: Wer vom Wandern nicht müde ist, nimmt sich den **Bergbau-Lehrpfad** vor, der auf einem Schild am Parkplatz erklärt ist. Ansonsten kann man den Tag mit einem Besuch im **Bergwerk Tiefer Stollen** ausklingen lassen. Wir fahren am besten dorthin, indem wir der Beschilderung folgen. Die Einfahrt nimmt etwa eineinhalb Stunden in Anspruch, zu gehen sind rund 800 Meter. – Die Tradition von **Bergbau und Eisenverhüttung** reicht im Gebiet um Aalen weit zurück, und das Gewerbe war der wichtigste Wirtschaftszweig auf der Ostalb. In Wasseralfingen hat man 1608 Erz gefunden und gut sechzig Jahre später das Hüttenwerk erbaut. Der Hochofen in Wasseralfingen wurde, nachdem er 1925 zusammengebrochen war, nicht mehr aufgebaut und stillgelegt. Am Braunenberg ging der Bergbau noch bis 1939 weiter. 1876 wurde im Bereich des Bergbaus am Braunenberg die erste Zahnradbahn in Württemberg erbaut, um das Erz vom Bergwerk zur Verhüttung zu transportieren. 1923 errichtete man eine Schwebebahn, die 1942/43 abgebrochen wurde.

Der Köhlermeiler erinnert an das alte Gewerbe.

wo der Weg einen Bach überquert und wir nach rechts einen schönen Blick auf das durch die Wiesen hüpfende Bächlein haben. Etwas später erreichen wir *Röthardt.* Im Weiler folgen wir der uns bekannten, nach rechts führenden Durchgangsstraße, die uns in wenigen Minuten zurück zum Ausgangspunkt leitet.

- **Länge:**
  Etwa 11 ½ Kilometer.

- **Zeit:**
  Etwa 3 Stunden.

- **Höhenunterschied:**
  Etwa 180 Meter.

- **Einkehrmöglichkeit:**
  Gasthaus Erzgrube. Ein Teil des Gebäudes steht unter Denkmalschutz. Es war früher ein Unterkunftshaus der Bergleute und besitzt einen später angebauten Betsaal.

- **Sonstiges:**
  Die Wanderung verläuft auf Naturpfaden und festen Wegen. Die Öffnungszeiten des Bergwerks: von Ende März bis Anfang November täglich außer montags 9 bis 12 und 13 bis 16 Uhr. Durch die Möglichkeit, das Bergwerk Tiefer Stollen zu besuchen, ist die Wanderung ein auch für Kinder einmaliges Erlebnis.

- **Öffentliche Verkehrsmittel:**
  Busverbindung ab Aalen und Wasseralfingen.

- **Empfohlene Karte:**
  Freizeitkarte 522, Aalen, Landesvermessungsamt Baden-Württemberg.

Mächtiges Schloss und Wacholder

Hülen – Schöner Stein – Naturschutzgebiet Dellenhäule – Beuren – Hülen – Kapfenburg – Hülen

Bei dieser Wanderung bietet sich uns die Möglichkeit, das mächtige Schloss Kapfenburg zu besichtigen. Ansonsten wandern wir durch die weiten Waldgebiete der Ostalb und über landwirtschaftlich genutzte Flächen zu einer prächtigen, unter Naturschutz stehenden Wacholderheide, dem Naturschutzgebiet Dellenhäule.

Eine der schönsten Wacholderheiden der Ostalb

Ausgangspunkt:
Lauchheim-Hülen.

Wegverlauf:
Am nördlichen Ortsende von *Hülen* befindet sich ein Wanderparkplatz; wer will, kann natürlich auch bei der *Kapfenburg* mit der Wanderung beginnen. Ab Hülen wandern wir mit dem Zeichen rotes Dreieck nach Osten. Am Waldrand quert ein Weg, nach dem wir nach links im

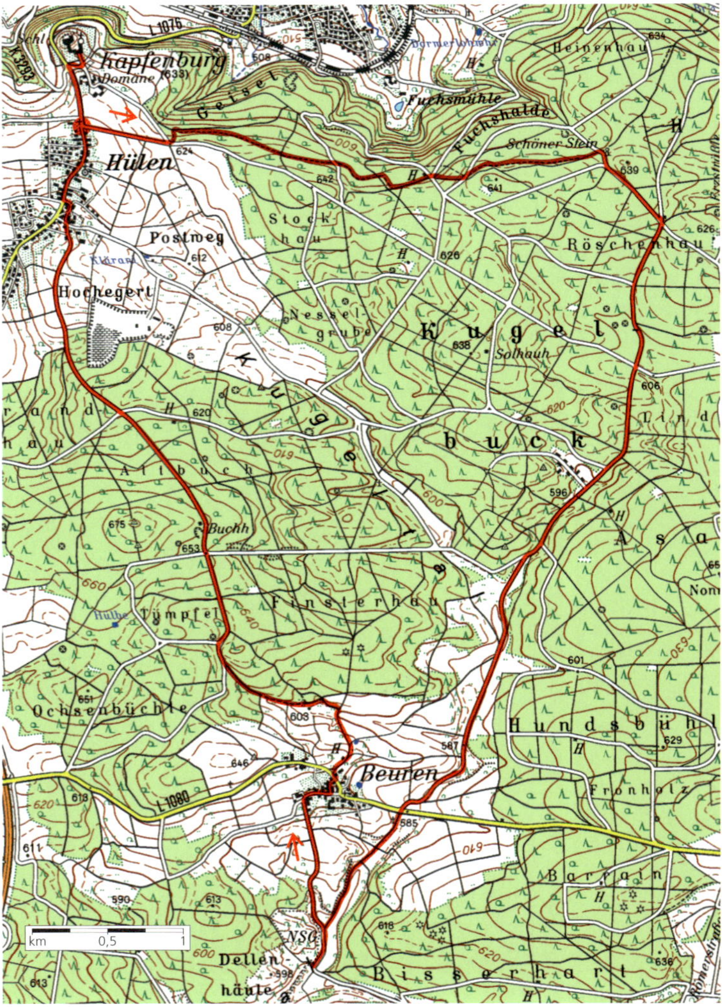

Das 24 Hektar große **Naturschutzgebiet Dellenhäule** besitzt eine der schönsten Wacholderheiden der Ostalb. Als Besonderheit ist hier als Überrest eines alten Hutewaldes noch ein kleiner, locker bewachsener Eichenwald zu sehen. Interessant sind die vielen Ameisenhügel der Gelben Waldameise, die richtige »Ameisenstädte« bilden. – Die **Kapfenburg** wurde 1311 als Besitz der Oettinger zum ersten Mal erwähnt. Ihr Name kommt von »kapfen«, was »Ausschau halten« bedeutet. 1364 erwarb sie der in Mergentheim ansässige Deutschritterorden zusammen mit Lauchheim; die Burg wurde Sitz eines Komturs. Napoleon löste mit der Rheinbundakte 1809 den Orden auf, allerdings war die Kapfenburg schon 1806 an Württemberg gekommen. Der Sohn von König Friedrich, Paul, residierte hier bis 1807. Verschiedene Baustile vom Mittelalter bis zur Renaissance sind an der Kapfenburg zu entdecken.

Wald auf dem Naturweg kurz hinabgehen. Rund hundert Meter weiter zieht er nach rechts, und nun folgen wir diesem Weg mit Auf und Ab knapp eine Stunde bis zum *Schönen Stein.* Wir queren dabei einige Wege und müssen immer wieder aufpassen, dass wir den Naturpfad nicht verlieren. Er ist aber vom Schwäbischen Albverein vorbildlich markiert. Das Denkmal Schöner Stein wurde 1581 erstmals erstellt und 1692 und 1820 erneuert.

Nun biegen wir nach rechts ab, es geht etwas ansteigend, dann wieder abwärts bis zu einem Asphaltsträßchen bei einer kleinen Hütte, wo wir nach rechts abbiegen. Wir folgen dem Sträßchen immer nach Süden durch den Wald. Am Waldrand halten wir uns an der Verzweigung links und wandern über die Felder bis zu einer *Landstraße,* nach der wir unsere Richtung beibehalten, und stehen kurz darauf vor dem *Naturschutzgebiet Dellenhäule.* Hier biegen wir später mit dem Wanderzeichen rote Raute nach rechts ab. Vorher sollten wir uns jedoch das schöne Heidegebiet genauer ansehen.

Kurz danach sind wir in *Beuren,* wo wir bis zur Durchgangsstraße vor der kleinen Kapelle spazieren. Wir biegen nach links ab, am Ortsende nach rechts. Es steigt etwas an, dann zieht unser Weg nach links und fällt ein wenig. Bevor es vor dem Wald wieder leicht ansteigt, weist uns die rote Raute nach links. Am Waldrand gehen wir nicht in den Wald hinein, sondern wandern über die Wiese weiter nach Westen, bis unser Weg doch in den Wald führt. Es steigt etwas an bis zu einem Forstweg, in den wir nach rechts einbiegen. Auf diesem Weg, dem Comturweg, wandern wir nun auf und ab durch

Die Kapfenburg weist Bauelemente aus verschiedenen Epochen auf.

den Wald, dann hinab nach *Hülen*. Wir gehen bis zur Durchgangsstraße, der wir nach rechts zum Ausgangspunkt folgen. Nun sollte man die *Kapfenburg* aufsuchen. Entlang der nach Lauchheim führenden Straße sind es vom Parkplatz aus knapp zehn Minuten.

- **Länge:**
  Etwa 16 ½ Kilometer.

- **Zeit:**
  Etwa 4 Stunden.

- **Höhenunterschied:**
  Etwa 170 Meter.

- **Grillmöglichkeit:**
  Dellenhäule.

- **Einkehrmöglichkeit:**
  Kapfenburg.

- **Sonstiges:**
  Die Wanderung verläuft vorwiegend auf Forstwegen und Sträßchen. Die auf Naturwegen verlaufenden Strecken können bei feuchtem Wetter schmierig sein.

- **Empfohlene Karte:**
  Freizeitkarte 522, Aalen, Landesvermessungsamt Baden-Württemberg.

Markanter Ipf und Schloss Baldern

Oberdorf – Ipf – Baldern – Röttingen – Oberdorf

Der Ipf besitzt eine der seltsamsten Bergformen der Ostalb, außerdem ist er historisch besonders interessant. Vom Ipf aus wandern wir zum Schloss Baldern, das man besichtigen kann. Auf dem Rückweg kommen wir am Naturschutzgebiet Käsbühl vorbei.

Blick zum Ipf, dem Wahrzeichen des Stadt Bopfingen

In **Oberdorf** ist das Museum zur Geschichte der Juden sehenswert. – Der **Ipf,** von dem aus man 99 Ortschaften sehen soll, ist der am weitesten nach Norden vorgeschobene Zeugenberg der Ostalb. Man machte hier umfangreiche Ausgrabungen aus der Jüngeren Steinzeit sowie der Bronze- und der Hallstattzeit, außerdem entdeckte man 1912 ein römisches Kastell. Die Ringwallanlagen gehören zu den bedeutendsten Bodendenkmälern Süddeutschlands. – Das **Schloss Baldern** mit dem die Landschaft beherrschenden Turm steht auf einem Basaltkegel, der beim Meteoreinschlag ins Ries hierher geschleudert wurde. Erstmals ist wohl ab etwa 1150 eine Burg errichtet worden, 1718 bis 1737 hat man die Anlage zu einem Barockschloss umgebaut. Sehenswert sind vor allem das reich verzierte Eingangstor, die barocke Schlosskirche und der große Kaisersaal.

- **Ausgangspunkt:**
  Bopfingen-Oberdorf.

- **Wegverlauf:**
  Wir orientieren uns in *Oberdorf* an den Schildern »Ehemalige Synagoge«. Sie befindet sich bei der Kirche. Dort parken wir, gehen dann zur Kirche und an dieser vorbei durch die Ipfstraße nach Norden. Gleich nach dem Bach machen wir mit dem Wanderzeichen rote Gabel einen Abstecher nach rechts hinauf zum *Ipf.* Man kann anschließend auf

Leuchtender Klatschmohn am Wegesrand

demselben Weg zurückkehren oder auf der anderen Seite des Ipfs hinabsteigen und dann auf der Nordseite wieder zurückkehren. Dann folgen wir der Schulstraße.

Am Anwesen nach dem Ort gehen wir nach links über die Brücke zur Landstraße, hier kurz nach links und dann nach rechts. In weiten Schwüngen wandern wir mit einer lang gezogenen Linkskurve zu einem Wald und biegen hier nach rechts ab. Nun geht es auf dem Forstweg erst eine Zeit lang geradeaus, dann zieht er nach links und darauf nach rechts bis zu einer Landstraße. Hier zweigen wir nach links ab und gehen auf der Straße bis zu einem Parkplatz.

Schloss Baldern steht auf einem Basalthügel.

Nun haben wir zwei Möglichkeiten. Entweder wir folgen der Straße geradeaus weiter und biegen dann nach links nach »Baldern« ab. Im Ort halten wir uns links in Richtung »Oberdorf«, dann gleich noch einmal und steigen nach dem Gebäude Schlossparkstraße 2 mit dem Wanderzeichen rote Gabel hoch zum *Schloss.* Die andere Variante führt nur durch den Wald. Dazu folgen wir am Waldparkplatz der nach links abzweigenden Fürstenstraße, die uns in vielen Schwüngen hinauf zum Schloss

Baldern bringt. Nach einer kleinen Kapelle führt uns der Forstweg um den Berg bis zu einem Parkplatz; von hier aus sind es noch rund fünf Minuten hinauf zum *Schloss.*

Anschließend gehen wir wieder zurück zum Parkplatz unterhalb des Schlosses und ab hier mit dem Zeichen rote Gabel hinab in den Ort *Baldern*. An der Durchgangsstraße nach dem links zu sehenden herrschaftlichen Anwesen Nr. 2 halten wir uns rechts. Am nächsten Abzweig gehen wir in der Röttinger Straße geradeaus weiter zu der modernen *Kirche* mit dem einzeln stehenden, spitzen Kirchturm. Nach der Kirche zweigen wir mit dem Zeichen nach links ab. Nun geht es eine Weile bergab. Nach dem Ort werden wir an der zweiten nach rechts abgehenden Straße nach dem kleinen Feldkreuz mit dem Zeichen nach rechts verwiesen.

Hinter dem Bach steigt es wieder etwas an bis zum Wald, wo wir nach links abbiegen. Nach dem Wald werden wir nach rechts ver-

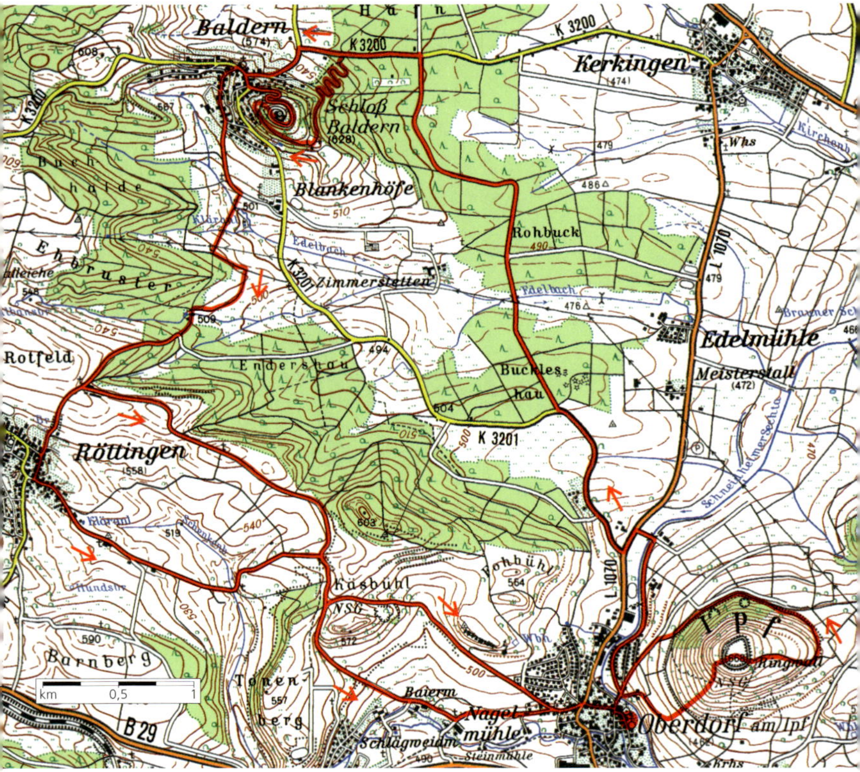

Prächtig geschmücktes Eingangsportal zum Schloss Baldern

wiesen und wandern nun in einem großen Rechtsbogen zum Waldrand und hier nach links in den Wald. An der Verzweigung kurz nach dem Waldanfang halten wir uns rechts. Nun steigt es an bis zu einigen *Feldscheunen*. Jetzt müssen wir uns entscheiden: Man kann entweder geradeaus nach *Röttingen* spazieren und hier geradeaus bis zu einer Querstraße, wo man sich links hält, oder man biegt gleich bei den Feldscheunen nach links ab. Dieser Weg ist verkehrsarm und trifft vor dem sehenswerten *Naturschutzgebiet Käsbühl* auf den von Röttingen kommenden Weg. Durch eine beeindruckende kahle Landschaft mit Wacholdern geht es nun weiter. Kurz darauf biegen wir nach der scharfen Rechtskurve entweder nach links ab oder wandern geradeaus über die Baiermühle zurück nach *Oberdorf*. Am Ortseingang treffen die beiden Sträßchen wieder zusammen.

- **Länge:**
  Etwa 16 Kilometer.

- **Zeit:**
  Etwa 4 ½ Stunden.

- **Höhenunterschied:**
  Etwa 380 Meter.

- **Einkehrmöglichkeiten:**
  Oberdorf, Baldern.

- **Sonstiges:**
  Die Wanderung verläuft auf Forstwegen und Sträßchen.

- **Empfohlene Karte:**
  Freizeitkarte 522, Aalen, Landesvermessungsamt Baden-Württemberg.

Zur Kapelle Maria bei der Eiche

Parkplatz – Josefskapelle – Kapelle Maria bei der Eiche – Parkplatz

Diese schöne Wanderung führt durch die weiten Waldgebiete der Ostalb. Dabei kommen wir an der Kapelle Maria bei der Eiche, einem rührenden Zeugnis der Volksfrömmigkeit, vorbei. An die Anwesenheit der Römer in der Gegend erinnern im Kochertal die Reste des Kellers einer villa rustica.

Im Kochertal wurde ein Keller aus der Römerzeit ausgegraben.

- **Ausgangspunkt:**
  Oberkochen.

- **Wegverlauf:**
  Von Aalen kommend verlassen wir die B 19 bei der ersten Ausfahrt Oberkochen. Wo die Straße nach rechts nach Oberkochen führt, biegen wir nach links ab in Richtung Unterkochen, fahren ein Stück zurück und halten uns gleich darauf da, wo die Straße etwas nach links zieht, geradeaus bis zu einem Kreuz. Etwas weiter rechts befindet sich ein *Parkplatz.*

Wir folgen dem Weg am Parkplatz entlang nach Südosten. Nach wenigen Minuten am Waldrand nehmen wir den nach rechts abgehenden, mit dem Zeichen rote Raute markierten Weg in Richtung »Oberkochen«. Ihm folgen wir bis zu der links oben stehenden *Josefskapelle* beziehungsweise dem Aussichtspunkt, der uns einen schönen Blick auf Oberkochen bietet.

Dann gehen wir noch ein Stückchen weiter und biegen nach etwa 500 Metern nach links ab. Nun steigt es auf einer Länge von rund 400 Metern an, danach werden wir nach rechts verwiesen. Der markierte Weg zweigt aber gleich nach links ab. Nun geht es im Zickzack auf einem Pfad steil hinauf. Wir wandern an Felsen, dem *Unteren Rotstein,* vorbei und kommen oben zu dem mit einem Kreuz gekrönten *Oberen Rotstein,* von dem wir noch einmal hinab ins Tal sehen können.

Anschließend folgen wir dem markierten Weg weiter. Wir überqueren einen breiten Weg und treffen etwas später auf einen weiteren

Das nahe **Oberkochen** wurde 1147 als Cohen erstmals genannt. Schon früh gab es hier »Industrie«, denn bereits 1539 wurde den Helfensteinern vom Kaiser das Recht verliehen, in ihrem Herrschaftsbereich Eisenwerke, Mühlen und Hämmer zu betreiben. Interessant ist das Optische Museum. – Der **römische Keller** wurde 1971 von einem Bauern entdeckt und danach von Schülern des Gymnasiums ausgegraben und gesichert. Er gehörte vermutlich zu einer villa rustica aus dem 2. Jahrhundert n. Chr. Rund 500 Fundstücke zeugen von dem Leben in früheren Zeiten. – Die **Wallfahrtskapelle Maria bei der Eiche** ist eine Stätte gelebter Volksfrömmigkeit, was man an den zahlreichen Votivgaben sieht. Sie geht auf ein Gnadenbild in der Pfarrkirche von Ebnat zurück; 1686 entstand dann die Wallfahrt. Drei Hirtenkinder errichteten zunächst eine Andachtsstätte, 1738 dann wurde eine hölzerne Kapelle erbaut, die aber 1745 auf bischöfliche Anweisung abgerissen werden musste. 1854 entstand wieder ein steinerner Bildstock, und 1925 wurde die heutige Kapelle erbaut.

Forstweg (Eselsbuchsträßle), dem wir nach rechts folgen. Nachdem wir zwei Kreuzungen überquert haben, zweigt der Wanderweg vom Forstweg nach links ab in Richtung »Nietheim«. Als unbefestigter Weg bringt er uns zu einer Kreuzung, an der wir mit dem Zeichen dem »vorderen« Weg nach links weiter folgen. An der nächsten Kreuzung behalten wir unsere Richtung bei und kommen zu einem Querweg, wo es nicht mehr geradeaus weitergeht. Mit den Zeichen rote Gabel und roter Balken halten wir uns hier links.

Kurz darauf erreichen wir eine weitere Kreuzung, wo wir auf große Überlandleitungen treffen. Wir biegen hier mit dem roten Strich nach links in das Kahlenbühlsträßle ab, ignorieren den gleich nach links abgehenden Weg nach »Oberkochen« und wandern geradeaus in Richtung »Maria Eiche« weiter. Auf diesem Weg bleiben wir, auch da, wo der Weg nach »Oberkochen« (Zeichen Gabel) beziehungsweise »Unterkochen« nach links abgeht. Wir folgen den Wegweisern zur »Wallfahrtskapelle«. Etwas später knickt der Weg nach rechts ab, führt leicht abwärts, und wir kommen zu der *Wallfahrtskapelle Maria bei der Eiche.*

Nun gehen wir zurück, halten uns am Knick links und biegen etwas später nach rechts in Richtung »Unterkochen« ab. Gleich darauf werden wir nach links verwiesen. Wir müssen jetzt gut auf die Zeichen achten. Im Prinzip geht es aber links eines Taleinschnitts auf einem Pfad beziehungsweise teilweise auf ausgefahrenen Wagenspuren immer bergab, bis wir nach einem Steilstück

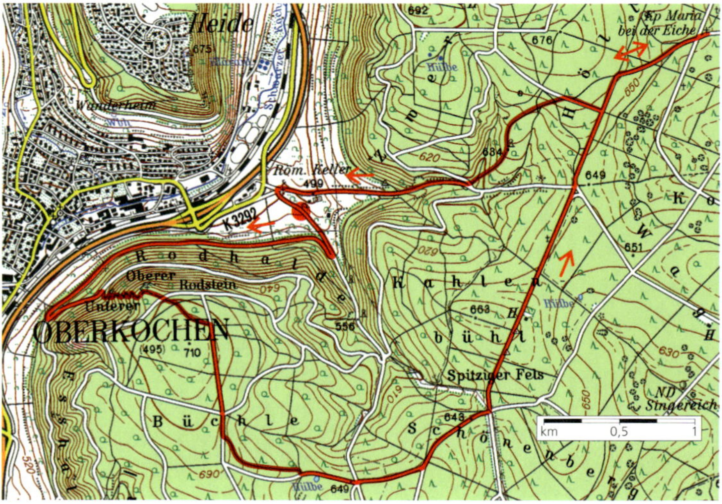

Die Wallfahrtskapelle Maria bei der Eiche liegt mitten im Wald.

zu einem breiteren Weg kommen. An der Kreuzung kurz darauf biegen wir nach rechts ab und gehen mit dem Zeichen weiter leicht hinunter. Wir verlassen den Wald und sehen nach einer Gärtnerei rechts das Gelände mit dem *römischen Keller.*

Etwas später sind wir an dem großen *Feldkreuz,* wo wir uns links zum bereits sichtbaren *Parkplatz* halten.

■ **Länge:**
Etwa 13 Kilometer.

■ **Zeit:**
Etwa 3 ½ Stunden.

■ **Höhenunterschied:**
Etwa 330 Meter.

■ **Sonstiges:**
Die Wanderung verläuft auf Naturpfaden und festen Wegen.

■ **Empfohlene Karte:**
Freizeitkarte 522, Aalen, Landesvermessungsamt Baden-Württemberg.

Vom Kloster über die Burg zum See

Neresheim – Katzenstein – Härtsfeldsee – Dischingen – Wasserberg – Neresheim

Höhepunkt dieser ausgedehnten Streckenwanderung ist natürlich das Kloster Neresheim mit seiner berühmten Barockkirche. Interessant ist auch die Burg Katzenstein, die allerdings nicht besichtigt werden kann. Ein Erlebnis ganz anderer Art stellt das Freizeitparadies Härtsfeldsee dar, das sich ungefähr in der Mitte der Tour zu einer Rast mit Bademöglichkeit anbietet.

- **Ausgangspunkt:** Neresheim.

- **Wegverlauf:**

Am südlichen Ortsende von *Neresheim* führt eine Kastanienallee hoch zum *Kloster*. Wir gehen auf der Straße rechts an diesem vorbei, bis vor den folgenden kleinen Wohnhäusern ein mit roter Gabel markierter Pfad nach rechts in den Wald in Richtung »Katzenstein« führt. Leicht bergab schlendernd kommen wir zu einem Querweg, auf dem wir nach rechts gehen, vor den Waldrand, wo wir nach links in das Asphaltsträßchen einbiegen. Zwischen Äckern und Wiesen, bald auf einem Schotterweg, erreichen wir wieder den Waldrand und folgen an der Verzweigung der weißblauen Markierung nach links.

Wo bald darauf der Forstweg nach rechts abknickt, weist die Markierung halblinks weiter. Bergab gehend überqueren wir einen Waldweg, einige Zeit danach geht der breite Naturweg in einen schmalen Pfad über und führt uns steil hinab in ein tief eingekerbtes Tal. Dort folgen wir dem Schotterweg kurz nach rechts, bis uns die Markierung wieder nach links auf einen Pfad verweist. Wir steigen nun erneut etwas an, danach fällt der Pfad bis zu einem Forststräßchen leicht ab. Hier gehen wir, etwas nach rechts versetzt, auf dem breiten Schotterweg in derselben Richtung weiter. Wo unser Sträßchen nach links zieht, nehmen wir der Markierung folgend den nach links abgehenden Pfad.

Kurz bergauf marschierend verlassen wir den Wald und gehen am

Die Burg Katzenstein ist eine typische Ritterburg.

Waldrand weiter bis zur Waldecke vor uns. Dort biegen wir am Waldrand nach links ab (nicht dem im Wald bergab führenden Weg folgen). Wir spazieren nun über Wiesen; der Weg zieht nach rechts bis zu einer Asphaltstraße, in die wir links abbiegen. An der nächsten Querstraße orientieren wir uns rechts und kommen zu einer Kreuzung, wo wir uns links halten. Jetzt spazieren wir bergab nach *Katzenstein.* Nach den ersten Häusern, noch vor der Landstraße, wenden wir uns an dem großen Silo – wenn wir nicht vorher noch zur Burg gehen wollen – nach rechts. Das Asphaltsträßchen bringt uns, nach einer Hecke dann als Schotterweg, zur Landstraße; dahinter liegt der *Härtsfeldsee.*

Wir gehen links am See vorbei, hinter ihm kurz nach rechts und am Bach über die Brücke nach links und an der Egau entlang nach *Dischingen.* Dort spazieren wir bis zur Kirche und nach dieser auf der Landstraße nach rechts bis zum Friedhof. Vor dem Friedhof weist die rote Raute nach rechts in Richtung »Auernheim«. An der nächsten Verzweigung nehmen wir den mittleren Weg; er führt uns aus dem Ort hinaus und vorbei an zwei Lehrtafeln des Geologischen

Im Härtsfeldsee darf auch gebadet werden.

Lehrpfades zu einem Feldkreuz auf dem Wasserberg. Hier knickt der Weg etwas nach rechts ab. Leicht bergab schlendernd kommen wir zu einem weiteren Lehrpfadschild und halten uns hier links auf den Wald zu. Dort biegen wir nach rechts in das Schottersträßchen ein. Es beschreibt kurz darauf eine Linkskurve hinein in den Wald.

Wir spazieren leicht aufwärts, zum Teil außerhalb des Waldes, und folgen dem Sträßchen, bis kurz nach dem *Gedenkstein »Waldstraße«* nach rechts der Abzweig »Hochstatt« kommt. An dieser Stelle wandern wir aber noch geradeaus weiter. Kurz darauf knickt der bezeichnete Weg nach links ab, einige Minuten später nochmals, und wir erreichen eine Wegspinne. Hier gehen wir auf dem Schotterweg nach rechts, ziemlich eben und mit einigen Windungen,

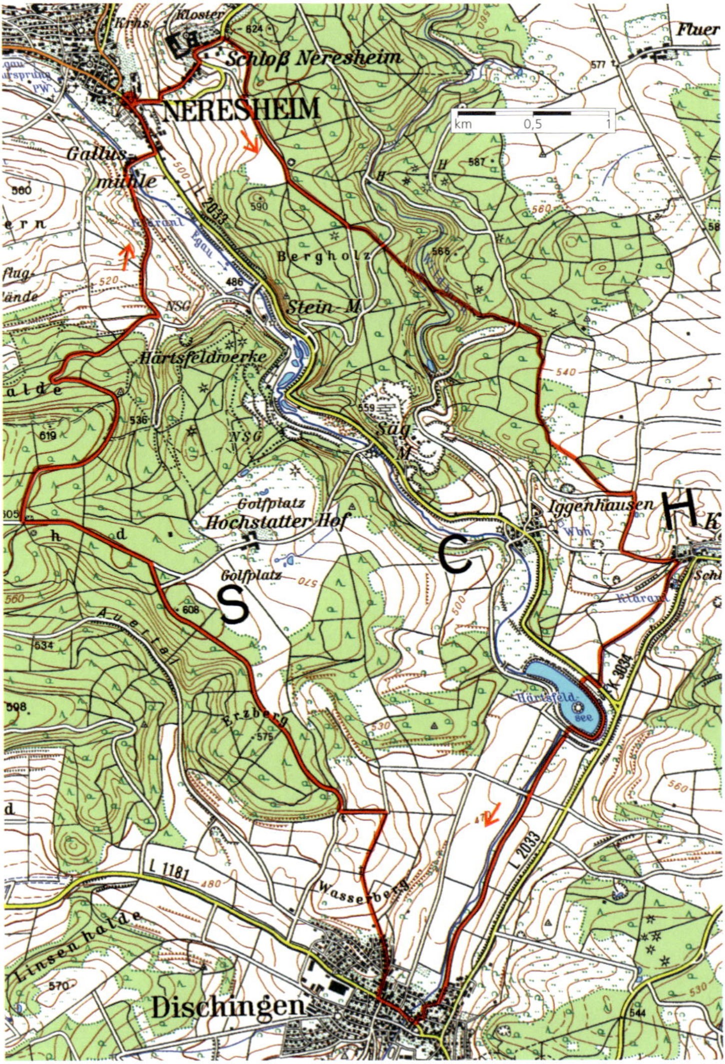

später leicht bergab, bis der Weg an einer Wendeschleife scharf nach rechts abknickt. Bald verlassen wir den Wald und wandern über eine kleine Heide bis zu einem Querweg, in den wir nach links einbiegen. Erst leicht aufwärts, dann hinunter gehend kommen wir zur *Gallusmühle,*

Die mittelalterlich erscheinende **Burg Katzenstein** mit ihrem zwanzig Meter hohen Bergfried (Katzenturm) geht auf die Zeit um 1100 zurück, ihr heutiges Aussehen stammt aber aus dem 20. Jahrhundert. – **Dischingen** liegt an einer früher von Nördlingen nach Ulm führenden Handelsstraße. Nach verschiedenen Vorbesitzern gehörte der Ort den Grafen von Oettingen, nach weiteren Besitzerwechseln ab 1734 den Thurn und Taxis. Sehenswert ist die 1769 bis 1771 in einer Stilmischung zwischen Rokoko und Klassizismus von Josef Dossenberger, einem Schüler von Dominikus Zimmermann, erbaute Pfarrkirche. Sie besitzt eine schöne klassizistische Ausstattung mit prächtigen Deckenfresken, sehenswertem Hochaltar, gotischer Schnitzmadonna in einer Rokokoumrahmung und Fresken von 1771. – Das berühmteste Bauwerk von **Neresheim** ist die Benediktinerabtei, deren Geschichte bis ins 11. Jahrhundert zurückgeht. 1802 wurde das Kloster aufgehoben und der Besitz den Thurn und Taxis zugesprochen. Die heutige Anlage wurde 1747 bis 1792 erbaut. Ihr schönster Teil ist die spätbarocke Abteikirche des damals 60-jährigen Balthasar Neumann. Sie besitzt sieben Kuppeln mit prächtigen Fresken von Martin Knoller, die Hauptkuppel ist 32 Meter hoch. Die Klostergebäude, Prälatur, Konvent und Wirtschaftsgebäude, sind älter als die Kirche. Der Festsaal des Klosters wurde von Dominikus Zimmermann mit prächtigen Stuckreliefs ausgeschmückt. Ein Vergnügen der besonderen Art ist eine Fahrt mit der Härtsfeldbahn, der legendären »Schättere«, die in Richtung Dischingen fährt. – Der **Härtsfeldsee,** die aufgestaute Egau, wurde 1973 angelegt. Baden, Surfen und Schlittschuhlaufen ist erlaubt.

wo der Weg nach rechts zur Landstraße und dort nach links nach *Neresheim* zurückführt.

- **Länge:**
  Etwa 15 ½ Kilometer.

- **Zeit:**
  Etwa 5 Stunden.

- **Höhenunterschied:**
  Etwa 350 Meter.

- **Einkehrmöglichkeiten:**
  Neresheim, Katzenstein, Härtsfeldsee, Dischingen.

- **Öffentliche Verkehrsmittel:**
  Bahn bis Bopfingen oder Aalen, Bus bis Neresheim.

- **Empfohlene Karte:**
  Freizeitkarte 522, Aalen, Landesvermessungsamt Baden-Württemberg.

Durch die Wälder des Albuchs

Parkplatz Wental – Wental – Felsenmeer – Parkplatz Wental

Das Wental und das Felsenmeer zählen zu den schönsten Natursehenswürdigkeiten der östlichen Schwäbischen Alb. Wir wandern bei dieser Tour durch ausgedehnte Wälder, für Wissensdurstige und an Geologie Interessierte gibt es im nahen Sontheim noch ein Museum, dessen Besuch sich lohnt und das an den Einschlag eines Meteors vor Jahrmillionen erinnert.

- **Ausgangspunkt:**
  Steinheim am Albuch.

- **Wegverlauf:**
  In *Steinheim* nehmen wir das nach Gnannenweiler führende Sträßchen. Nach dem Ort steht vor einer Verzweigung ein Haus, bei dem ein Sträßchen nach rechts zu einem Parkplatz führt. Am rechten Hang beim Parkplatz sehen wir bereits einen der mächtigen Felsen, wie sie im Wental in großer Zahl vorkommen.

Nun bringt uns der Weg in Richtung Wental. Erst geht es mit der gelben Gabel ins *Hirschtal* bis zu einem Staudamm; hier folgen wir dem Zeichen ins Wental nach rechts in das nun *Gnannental* genannte Wiesental. Bald hört der asphaltierte Weg auf, es folgt ein Schotterweg, zeitweise auch ein Wiesenweg. Kurze Zeit später erreichen wir eine Schutzhütte; anschließend leitet uns das gelbe Dreieck weiter durch das *Wental.*

Danach zweigt hinter einer Rechtskurve der markierte Wanderweg nach links vom Forstweg ab. Wir überqueren gleich darauf einen anderen Forstweg. Nun kommen wir an weiteren markanten Felsen vorbei, einer sieht aus wie ein Elefant, und schließlich erreichen wir den *Spitzbubenstadel,* kurz dahinter die Landstraße. Auf der anderen Seite liegt das *Felsenmeer,* das wir jetzt aufsuchen und wo wir eine ausgiebige Rast machen sollten. Hier gibt es mächtige Felsformationen, die sicherlich Kinder zum Klettern verlocken, außerdem auch einige Grillstellen.

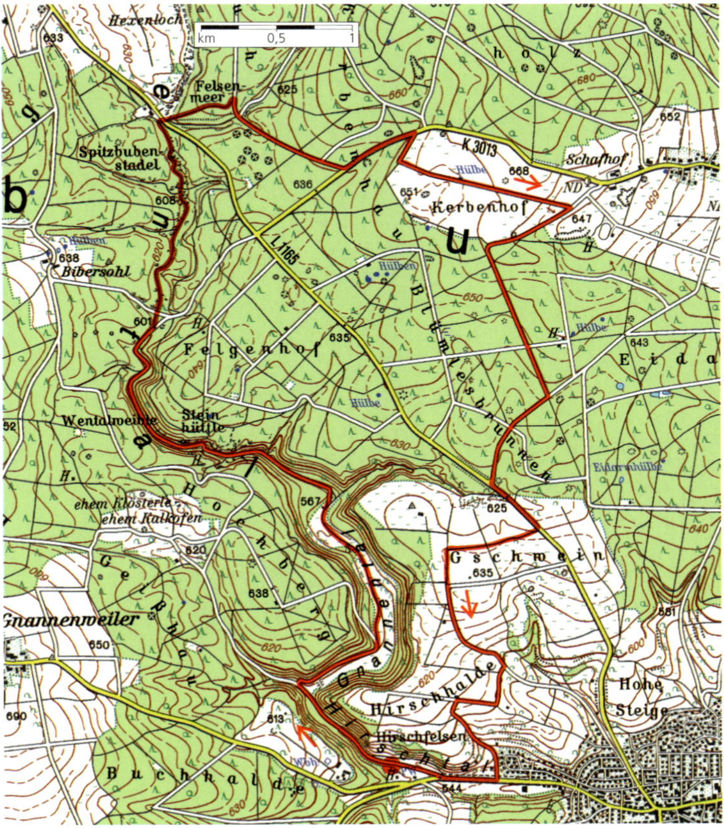

Nach der Rast nehmen wir gegenüber vom Hotel den Weg, der mit einer Schranke abgesperrt ist. Er steigt etwas an bis zu einem Querweg auf der Höhe, wo wir nach rechts abbiegen. Es fällt kurz, dann steigt es wieder an, und bald erreichen wir die Straße, auf der wir nun rund 500 Meter gehen müssen.

Das »Wentalweible«

Wir halten uns links bis zum Waldrand, biegen hier nach rechts ab und gleich darauf nach links.

Nun geht es einige Zeit geradeaus über einen Höhenrücken in Richtung Zang bis zu einem Querweg, wo wir uns rechts orientieren. Der Weg biegt kurz darauf nach links in den Wald ein. Nun geht es auf der schnurgeraden Irmannsweilerplanie weiter. Wir überqueren den mit dem gelben Dreieck mar-

Die großen Felsformationen im Wental locken Kinder natürlich zum Klettern, Toben, Spielen und Verstecken.

kierten Wanderweg und kommen danach zu einem querenden Weg, hinter dem es nur noch als Naturweg weitergeht. Wir biegen aber nach rechts ab und erreichen kurz darauf die Straße, halten uns links und marschieren etwa 400 Meter an ihr entlang. Dann biegen wir in den ersten nach rechts abgehenden Weg ein.

Etwas später orientieren wir uns am Querweg links, der einen Bogen nach links und dann eine kleine Rechtskurve beschreibt. Hier biegen wir vor dem hohlwegartigen Gebüsch, das den Weg säumt, nach rechts ab. Etwas später, an der Feldscheune, halten wir uns links und marschieren steil hinab zur Landstraße. Nach rechts abbiegend sind wir kurz darauf zurück am *Parkplatz Wental*.

- **Länge:**
  Etwa 13 ½ Kilometer (einschließlich Felsenmeer).

- **Zeit:**
  Etwa 4 Stunden.

- **Höhenunterschied:**
  Etwa 150 Meter.

Steinheim am Albuch wurde ursprünglich von den Römern angelegt. Es war später im Besitz des Reiches und wurde 839 erstmals erwähnt. Die Herren von Albeck, denen der Ort später gehörte, stifteten 1190 ein Augustinerchorherrenstift. 1448 wurde der Ort von den Helfensteinern an Württemberg verkauft. Im Dreißigjährigen Krieg erlitt Steinheim schwere Zerstörungen. Er ist vor allem bekannt als Zentrum des Steinheimer Beckens: Hier traf vor 15 Millionen Jahren ein Meteorit die Erde, was den Ort für Geologen hochinteressant macht. Der kreisrunde Kessel weist 3,4 Kilometer Durchmesser auf. Hier ist eine Ablenkung der Magnetnadel festzustellen. Auch Laien können sich informieren, und zwar im Meteorkrater-Museum im nahen Sontheim. – Das **Wental** mit dem Felsenmeer ist der landschaftliche Höhepunkt der Gegend. Es entstand vor etwa 150 Millionen Jahren im abziehenden Jurameer. Die Felsen bestehen aus Dolomit und sind ehemalige Schwammriffe. Das feuchte, schattige Tal mit den beeindruckenden Felsformationen ist ein Trockental, denn vor der Verkarstung floss hier ein Fluss. Eine Vielzahl von sonst seltenen und für die Schwäbische Alb ungewöhnlichen Farnen, Flechten und Moosen wächst in dem Tal. Auch die Blütenflora ist beachtenswert: Blauer Eisenhut, Mondviole, Rasensteinbrech, Goldstern, unterschiedliche Lerchenspornarten und Märzenbecher sind als Beispiele zu nennen. Über das Wentalweible, eine markante Felsformation, existiert eine Sage. Angeblich wurde eine hartherzige, betrügerische, reiche und geizige Krämerin in einer Gewitternacht in einen Felsen verwandelt. Aber es gibt noch andere bizarre Felsgebilde: Nilpferd, Bischofsmütze, Spitzbubenstadel und Sphinx. Eine große Zahl von Grabhügeln aus der Hallstattzeit ist im umliegenden Wald zu finden.

■ **Grillmöglichkeiten:**
Wental, Felsenmeer.

■ **Einkehrmöglichkeiten:**
Steinheim, Hotel am Ende des Wentales.

■ **Sonstiges:**
Die Tour verläuft auf festen Wegen, ein kurzes Stück auf der Straße. Sie ist recht kurz, so dass man genügend Zeit für eine ausgiebige Rast im Felsenmeer hat. Hier wird es auch Kindern gefallen, man sollte nur beim – wohl unvermeidlichen – Klettern etwas auf sie aufpassen.

■ **Empfohlene Karte:**
Freizeitkarte 522, Aalen, Landesvermessungsamt Baden-Württemberg.

Wo das Meer Spuren hinterließ

Heldenfingen – Hungerbrunnental – Gassental – Säuberes Tal – Gerstetten – Heldenfingen

Zum naturkundlich und historisch interessanten Hungerbrunnen führt uns diese Tour. Auch das an das urzeitliche Meer erinnernde Heldenfinger Kliff ist eine Natursehenswürdigkeit, die ihresgleichen sucht und einen Abstecher lohnt.

- **Ausgangspunkt:** Gerstetten-Heldenfingen.

- **Wegverlauf:** In *Heldenfingen* spazieren wir an der Kirche vorbei die »Heuchlinger Straße« bergab und biegen – mit dem Wanderzeichen rote Gabel – an der zweiten Querstraße (Altheimer Weg) nach rechts ab. Wir kommen aus dem Ort heraus und zu einem *Wanderparkplatz,* an dem man die Tour auch beginnen kann. Kurz danach biegen wir beim Schild »Landschaftsschutzgebiet« nach rechts in das von einer Wacholderheide

Das 1116 erstmals erwähnte **Gerstetten** hat seinen Namen von dem Personennamen Gero. Es war seit 1356 helfensteinisch, 1450 wurde es bayerisch und 1504 württembergisch. Sehenswert sind das Riff- und das Eisenbahnmuseum im Bahnhof. Wenn man Glück hat, sieht man auch eine alte Lokomotive vor dem Bahnhof. – Der **Hungerbrunnen** ist zwar in trockenen Jahren nur ein mit Steinen gefülltes Loch, wenn der Wasserspiegel im Karst aber ansteigt, kann er eine stark schüttende Quelle sein. – Am nordöstlichen Ortsende des 1231 erstmals erwähnten Heldenfingen liegt das berühmte **Kliff.** In dieser rund zwanzig Meter hohen Hohlkehle, die durch den Anprall der Wellen des miozänen Molassemeers entstand, sind unzählige Bohrmuschel-Löcher zu entdecken, ebenso aufgesetzte Austern. Das Kliff gilt als besterhaltener fossiler Strand in Europa.

Beim Museum in Gerstetten ist eine alte Lokomotive zu bewundern.

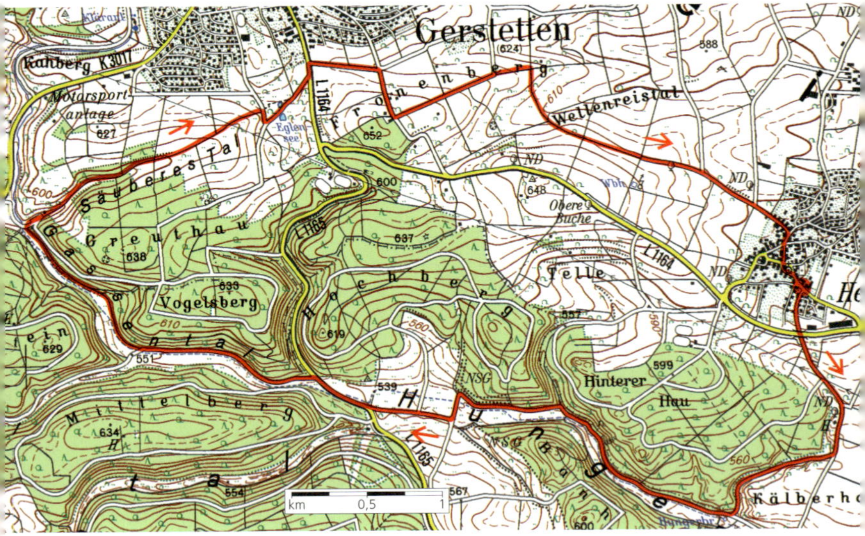

Das Heldenfinger Kliff entstand in einem urzeitlichen Meer.

gesäumte Trockental ein. Nach rund einer Viertelstunde treffen wir auf das *Hungerbrunnental,* wo wir uns rechts orientieren.

Gleich links liegt der *Hungerbrunnen*. Wir wandern nun rund zwei Kilometer das Tal entlang, bis es sich nach rechts weitet. Hier gehen wir nach links, dann aber gleich wieder nach rechts und kommen zur Landstraße. An der Straße entlang wandern wir einige Minuten nach rechts und biegen dann nach links in das nun *Gassental* heißende Trockental ein.

Nach rund eineinhalb Kilometern kommen wir zu einer Verzweigung (rechts Schild »⅓ Sommerberg«), halten uns hier rechts und wandern bis zu einem großen *Parkplatz.* Nun geht es nach rechts, am Skihang entlang, etwas bergauf und durch den

Wald. Kurz nachdem wir, nun wieder über Wiesen, unter den Starkstromleitungen durchmarschiert sind, stoßen wir auf einen querenden Weg. Es geht etwas nach rechts versetzt weiter, vorbei am *Naturdenkmal Eglensee* und zur Landstraße.

Wir spazieren einige Meter nach links, biegen in den nächsten nach rechts abgehenden Feldweg ein und wandern bis zu einem Quersträßchen. Nach rechts bringt es uns hinauf zu einer Waldecke. Dort am Schuppen biegen wir nach links ab. Nach einiger Zeit kommt von links ein Asphaltweg, kurz danach stoßen wir auf ein Wäldchen. Hier schlendern wir auf dem Naturweg nach rechts bergab bis zu dem bereits sichtbaren kleinen Gehölz, wo wir dem aufwärts führenden Asphaltweg folgen. Er bringt uns zurück nach *Heldenfingen*.

- **Länge:**
  Etwa 12 Kilometer.

- **Zeit:**
  Etwa 3 ½ Stunden.

- **Höhenunterschied:**
  Etwa 150 Meter.

- **Grillmöglichkeit:**
  Wanderparkplatz.

- **Einkehrmöglichkeiten:**
  Heldenfingen, Gerstetten.

- **Sonstiges:**
  Die Wanderung verläuft überwiegend auf geschotterten und asphaltierten Feld- und Waldwegen.

- **Öffentliche Verkehrsmittel:**
  Bahn bis Heidenheim, Bus bis Heldenfingen oder Gerstetten.

- **Empfohlene Karte:**
  Freizeitkarte 525, Ulm, Landesvermessungsamt Baden-Württemberg.

Um die Steinernen Jungfrauen

Eselsburg – Herbrechtingen – Giengen an der Brenz – Hürben – Eselsburg

Die Steinernen Jungfrauen bei Herbrechtingen im Brenztal sind Kalkfelsformationen, die ihresgleichen suchen. Gleich warnenden Zeigefingern stechen sie in den Himmel. Umgeben sind sie von einem reizvollen Heidehang. Zu ihren Füßen zieht die Brenz ihre Schlingen und umrundet den Buigen. Das Tälchen selbst ist mit seiner reichen Vegetation, die so gar nicht zu den kargen Hängen passen will, ein überaus romantisches Stück Alb.

Um die Steinernen Jungfrauen rankt sich die Sage von einer bösen Burgherrin und ihren beiden Mägden.

- **Ausgangspunkt:**
  Herbrechtingen-Eselsburg.

- **Wegverlauf:**

Wir parken entweder direkt in dem Dörfchen *Eselsburg,* wo wir uns (von oben gesehen) nach rechts halten, oder gehen von dem Parkplatz aus, der gleich hinter dem Abzweig von der Landstraße liegt, auf dem Schotterweg in Verlängerung des Parkplatzes ins Brenztal. Kurz nach Eselsburg sehen wir rechts die *steinernen Jungfrauen.*

Es geht nun weiter bis *Herbrechtingen*. Eines der ersten Häuser ist das *Heimatmuseum,* das sich in einem schön renovierten Anwesen links des Weges befindet. Kurz danach gehen wir im Gewerbegebiet auf der quer verlaufenden Eselsburger Straße nach rechts bis zur Durchgangsstraße und biegen etwas nach links versetzt auf der anderen Seite in die nach oben führende Albrecht-Bengel-Straße ein. Die Wanderzeichen rote Raute sind nur spärlich zu finden. Es geht nun recht steil hinauf auf den Schießberg. Oben halten wir uns an der Verzweigung vor dem letzten Haus rechts, behalten unsere Richtung bei und marschieren mit weiten Blicken über den Höhenrücken, bis wir die Landstraße unterqueren. Gleich dahinter zieht der markierte Weg nach rechts auf die Straße zu, knickt aber bald nach links ab.

Um die Entstehung der **Steinernen Jungfrauen** rankt sich eine Sage: Ein verlassenes Ritterfräulein auf der Eselsburger Burg schwor allen Männern ewigen Hass. Auch ihren beiden Dienerinnen untersagte sie, mit Männern zu reden. Aber diese konnten das Verbot nicht einhalten. Sie holten Wasser und sprachen dabei mit einem Fischer, der ihnen sanfte Lieder vorsang. Deshalb wurden sie von ihrer mit dem Teufel verbündeten Herrin in einen Stein verwandelt. – Im Gebiet von **Herbrechtingen** verlief früher eine Römerstraße, da man hier an einer flachen Stelle die Brenz überschreiten konnte. Das Kloster wurde 774 gegründet, wozu Kaiser Karl der Große seine »villa« Herbrechtingen schenkte. Um 1170 gehörte das Kloster zur Vogtei von Kaiser Friedrich Barbarossa. Es gelangte dann an die Grafen von Dillingen und um 1260 an die Helfensteiner. 1448 wurde das Kloster an Graf Ulrich von Württemberg verkauft. – **Hürben** liegt in einer Talschlinge, die von der Urbrenz durchflossen wurde. Heute entspringt hier in einem Quelltopf die Hürbe, eine Karstquelle. Der Ort gehörte einst den Grafen von Dillingen, dann den Helfensteinern, und kam mit der Herrschaft Heidenheim 1504 an Württemberg. Besonders schön ist der Anblick der malerisch auf einer Terrasse stehenden Kirche.

Etwas später überqueren wir die Autobahn und gehen auf das Hochhaus am Ortsrand von *Giengen an der Brenz* zu. Wir spazieren links an diesem Gebäude vorbei, biegen nach ihm rechts ab und kurz darauf nach links in die Stuttgarter Straße. Auf dieser passieren wir den Sportplatz. Hier halten wir uns rechts bis zur Durchgangsstraße, auf ihr kurz nach rechts, dann nehmen wir auf der anderen Seite den mit dem roten Dreieck markierten Wanderweg. Auf diesem Weg wandern wir weiter, über die B 492, dann hinab bis zu einer Landstraße vor *Hürben*. Auf der anderen Seite nehmen wir den schmalen Fußgängerweg, der uns zu einem Sträßchen unterhalb des *Kagbergs* bringt. Hier biegen wir nach rechts ab, spazieren am Bergfuß entlang und nehmen nach einer kurzen Geradeausstrecke einen der beiden Wege, der uns nach rechts in Richtung *Kirche* führt.

Das Museum in Herbrechtingen ist in einem alten Haus direkt an der Brenz untergebracht.

Unterhalb der Kirche folgen wir dem aufwärts führenden Sträßchen in Richtung »Ulm«, biegen aber gleich nach links in Richtung »Sportplatz« ab. Es geht nun steil hoch zum Orts-

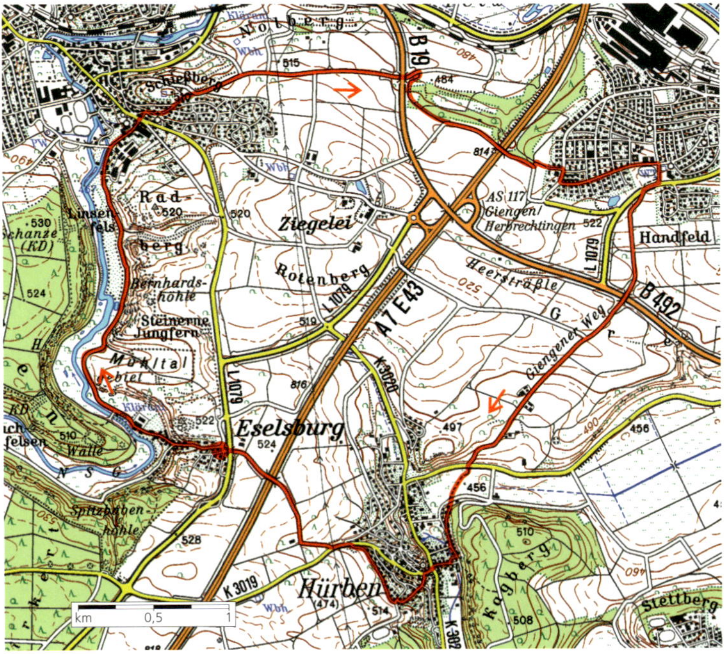

rand, wo wir auf der letzten Straße vor den Feldern nach rechts wandern (Wanderzeichen rote Gabel). Man marschiert einige Zeit an den Häusern entlang, dann zieht das Sträßchen nach links auf die Landstraße zu. Auf der anderen Seite geht der Wanderweg weiter. Vor der Scheune knickt er nach rechts ab, führt über die Autobahn und bringt uns kurz danach zum Ortsanfang von *Eselsburg*. Der obere Parkplatz liegt etwas weiter rechts. Wer unten geparkt hat, folgt dem abwärts führenden Sträßchen.

- **Länge:**
  Etwa 12 ½ Kilometer.

- **Zeit:**
  Etwa 3 ½ Stunden.

- **Höhenunterschied:**
  Etwa 150 Meter.

- **Sonstiges:**
  Wir wandern auf Natur- und befestigten Wegen.

- **Öffentliche Verkehrsmittel:**
  Bahnverbindung nach Herbrechtingen.

- **Empfohlene Karte:**
  Freizeitkarte 522, Aalen, Landesvermessungsamt Baden-Württemberg.

Nützliche Adressen, Tipps und Hinweise

Für den Fall des Falles

Notrufnummer: Telefon 1 12

Rotes Kreuz: Telefon 1 92 22

ADAC: Telefon (01 80) 2 22 22 22 (aus allen Mobilfunknetzen 22 22 22)

Kreuzstein beim Torfmoor

Öffentliche Verkehrsmittel

Deutsche Bahn: Telefon 1 18 61 (Beratung, kostenpflichtig), (08 00) 1 50 70 90 (Bandansage); www.bahn.de

VVS: Telefon (07 11) 1 94 49, www.vvs.de

3-Löwen-Takt (telefonische Fahrplanauskunft Baden-Württemberg): Telefon (0 18 05) 77 99 66, www.3-loewen-takt.de, www.efa-bw.de

RAB Regionalverkehr Alb-Bodensee: Telefon (07 31) 1 66-21 24, www.bahn.de/rab

DING Donau-Iller-Nahverkehrsverbund (Ulm): Telefon (07 31) 9 62 52–52, info@ding-ulm.de

HTV Heidenheimer Tarifverbund: Telefon (0 73 21) 3 21-24 84, www.htv.heidenheim.de

naldo Verkehrsverbund Neckar-Alb-Donau: Telefon (0 74 71) 93 01 96 96, www.naldo.de

Ostalbmobil: Telefon (0 73 61) 5 03-15 53, www.ostabmobil.de

VGS Verkehrsgemeinschaft Stauferkreis: Telefon (0 71 61) 40 37-0, www.vgs-gp.de

Touristische Auskünfte

Schwäbischer Albverein e. V., Postfach 104 652, 70041 Stuttgart, Telefon (07 11) 22 58-50, www.schwaebischer-albverein.de, info@schwaebischer-albverein.de

Schwäbische Alb Tourismusverband, Marktplatz 1, 72574 Bad Urach, Telefon (0 71 25) 94 81 06, www.schwaebischealb.de, info@schwaebischealb.de

Tourismusverband Baden-Württemberg, Esslinger Straße 8, 70182 Stuttgart, Telefon (07 11) 2 38 58-0, info@tourismus-bw.de, www.tourismus-bw.de

Touristikgemeinschaft Erlebnisregion Schwäbische Ostalb e.V., Marktplatz 2, 73430 Aalen, Telefon (0 73 61) 52 23 62, www.schwaebische-ostalb.de, info@schwaebische-ostalb.de

Touristikgemeinschaft Stauferland, Marktplatz 37/1, 73525 Schwäbisch Gmünd, Telefon (0 71 71) 6 03 42 50, www.stauferland.de, info@stauferland.de

Bädergemeinschaft Bad Boll, Bad Ditzenbach, Bad Überkingen, www.baedergemeinschaft.de

Gastgeber Helfensteiner Land e.V., Badstraße 14, 73337 Bad Überkingen, Telefon (0 73 31) 96 19 20, www.helfensteiner-land.de, info@helfensteiner-land.de

Touristikgemeinschaft Gastliches Härtsfeld e. V., Hauptstraße 21, 73450 Neresheim, Telefon (0 73 26) 81 49, www.haertsfeld.de, tourist@neresheim.de

Touristikverein Ries-Ostalb e.V., Marktplatz 1, 73441 Bopfingen, Telefon (0 73 62) 8 01 60, www.ries-ostalb.de, tourismus@bopfingen.de

Alb-Donau-Kreis Tourismusförderung, Schillerstraße 30, 89070 Ulm, Telefon (07 31) 1 85-0, www.alb-donau-kreis.de, wirtschaft@alb-donau-kreis.de

Verkehrsverein Teck-Neuffen, Max-Eyth-Straße 15, 73230 Kirchheim unter Teck, Telefon (0 70 21) 30 27, www.albtrauf.de, tourist@kirchheim-teck.de

Dieter Buck
Wandern
Rad fahren
Entdecken
Dieter Buck
Dieter Buck